인도 카레의 기본,
완전 레시피

인도 카레의 기본,
완전 레시피

INDIAN CURRY BASICS,
THE PERFECT RECIPE

이나다 슌스케 지음
황세정 옮김

간편 카레부터 손님 접대용 카레까지

시그마북스

인도 카레의 기본, 완전 레시피

발행일 2024년 3월 8일 초판 1쇄 발행
지은이 이나다 슌스케
옮긴이 황세정
발행인 강학경
발행처 시그마북스
마케팅 정제용
에디터 최윤정, 최연정, 양수진
디자인 강경희, 김문배

등록번호 제10-965호
주소 서울특별시 영등포구 양평로 22길 21 선유도코오롱디지털타워 A402호
전자우편 sigmabooks@spress.co.kr
홈페이지 http://www.sigmabooks.co.kr
전화 (02) 2062-5288~9
팩시밀리 (02) 323-4197
ISBN 979-11-6862-217-3 (13590)

"ERICK SOUTH" INADA SHUNSUKE NO OISHII RIYU, INDOCURRY NO KIHON, KANZEN RECIPE
© Shunsuke Inada 2023
Originally published in Japan in 2023 by Sekaibunka Books Inc.,TOKYO.
Korean Characters translation rights arranged with Sekaibunka Holdings Inc.,TOKYO,
through TOHAN CORPORATION, TOKYO and EntersKorea Co., Ltd. SEOUL.

STAFF
撮影　西山 航(世界文化ホールディングス)
デザイン　河内沙耶花(mogmog Inc.)
スタイリング　岡田万喜代
調理協力　小畑雪菜、荒木雄登、今西裕也
校正　株式会社円水社
DTP製作　株式会社明昌堂
編集部　原田敬子

이 책의 한국어판 저작권은 ㈜엔트스코리아를 통해 저작권자와 독점 계약한 시그마북스에 있습니다.
저작권법에 의하여 한국 내에서 보호를 받는 저작물이므로 무단전재와 무단복제를 금합니다.

파본은 구매하신 서점에서 교환해드립니다.

* 시그마북스는 ㈜시그마프레스의 단행본 브랜드입니다.

FOREWORD

머리말

'카레란 과연 어떤 요리일까?'

'카레'라고 하면 여러분은 어떤 요리를 떠올리십니까?
10~20년 전까지만 해도 카레라고 하면 작게 썬 감자와 당근이 든 '가정식 카레'나 고기와 채소가 부드러운 소스에 녹아든 전문점의 '유럽풍 카레'를 떠올리고는 했습니다. 하지만 최근 들어서는 카레의 이미지가 더욱 확대되고 있습니다. 요즘은 인도나 네팔 같은 남아시아식 카레나 태국식 카레로 대표되는 동남아시아식 카레, 그리고 이러한 카레들이 다시 일본식으로 발전된 스파이스 카레 등 다양한 카레가 거리에 넘쳐납니다.

그런 카레에 관해 이야기할 때 빠질 수 없는 나라가 바로 카레의 본고장 인도입니다. 인도 카레를 언급할 때 자주 듣는 말이 있습니다.

"인도에는 카레라는 요리가 없다."

하지만 또 이런 말도 있지요.

"인도에서는 온갖 재료로 카레를 만든다."

이 두 문장은 얼핏 모순되게 들리지만, 꼭 그렇지만도 않습니다.
인도에서는 거의 모든 요리에 향신료(Spice)가 들어갑니다. 적어도 두세 가지, 많을 때는 열 가지가 넘는 향신료가 들어가며, 향신료의 배합도 매우 다양합니다. 즉, 재료나 조리법에 따라 그때그때 향신료를 다르게 배합해 사용하는 것이지요. 그러다 보니 당연히 인도에는 다양한 종류의 향신료 요리가 존재합니다. 서양에서 먼저 이러한 인도의 향신료 요리를 카레라고 통칭하기 시작했지만, 오늘날에는 인도에서도 카레라는 명칭이 통용되고 있습니다.

하지만 이는 어디까지나 편의상 사용하는 '통칭'일 뿐, 각각의 요리에는 저마다 이름이 있습니다. 그러니 그런 의미에서는 인도에 '카레'라는 요리가 없다고 말할 수 있지요.

요즘은 예전보다 거리에 인도 음식점이 상당히 많아졌습니다. 그런 가게의 메뉴판에는 치킨 카레, 버터 치킨 카레, 키마 카레, 머튼 카레, 채소 카레 등 다양한 종류의 카레가 가득 적혀 있습니다. 그것을 보고 "오, 인도에는 이렇게나 다양한 '카레'가 있나 보지?"라고 생각할 수 있습니다. 하지만 그것은 반은 맞고, 반은 틀린 생각입니다.

무슨 말인지 아시겠습니까? 메뉴판에 적힌 카레들은 사실 인도에 있는 온갖 카레 중에서 지극히 일부에 지나지 않습니다. 또 그러한 카레들에는 한 가지 공통점이 있습니다. 바로 그것들이 전부 '일본인이 보기에 카레다워 보이는 카레'라는 점입니다.

일본인들은 예전부터 카레를 좋아했습니다. 그렇기에 일본의 인도 음식점에서는 오래전부터 일본인들이 즐겨 먹던 '가정식 카레'나 '유럽풍 카레'에서 크게 벗어나지 않는 카레를 선별해 제공해 왔습니다. 그리고 이러한 카레를 더욱 일본인의 입맛에 맞게 변형시키려고 부단히 노력해 왔습니다. 이것이 인도 카레가 일본에 의외로 쉽게 받아들여진 이유이기도 합니다.

이 책에서는 먼저 제1장에서 그런 '일본인이 보기에 카레다운 카레'를 소개합니다. 치킨 카레나 키마 카레처럼 사람들이 대부분 '인도 카레'라는 말을 들었을 때 가장 먼저 떠올릴 법한 카레들을 얼추 만들 수 있게 되고, 그와 동시에 인도 카레에 필요한 기술의 기초를 자연스레 익힐 수 있게 구성되어 있습니다.

제2장에서는 '일본인이 보기에 카레다운 카레'에서 벗어나 '인도의 특색 있는 카레'를 중점적으로 소개합니다. 인도는 채식주의자가 많은 나라이기도 해서 사실 육류나 어패류를 일절 넣지 않고 채소나 콩만으로 만들 수 있는 카레가 압도적으로 많습니다. 그래서 제2장에는 그런 '채식 카레'가 많이 포함되어 있습니다.

제3장에서는 레스토랑에서 맛볼 수 있는 카레를 소개합니다. 1~2장에 등장하는 카레는 인도의 전통 요리법을 따른 것이 대부분이지만, 제3장에서 소개하는 카레는 근대 이후에 인도 요리 레스토랑에서 탄생한 것들로, 전문 요리사들만이 아는 특수한 기법이 사용됩니다. 그렇다고 대단히 거창한 것이 아니라, 일본의 인도 음식점에서도 일반적으로 쓰이는 기법입니다. 그런 의미에서는 제3장에 소개되는 카레가 일본인에게 가장 친숙한 스타일의 인도 카레라고 할 수 있을지도 모르겠습니다. 그와 동시에 일본에서는 의외로 맛보기 힘든 궁정 요리 스타일의 호화로운 카레도 등장합니다.

제4장에서는 카레와 함께 즐길 수 있는 바스마티 쌀*이나 난 같은 주식 종류와 카레를 더 맛있게 즐길 수 있게 해 줄 사이드 디시(side dish, 곁들임 요리)를 소개합니다.

또 (만들기는 조금 번거롭지만) 두 종류의 정통 비리아니**와 간단하면서도 맛있는 인도의 디저트도 등장합니다. 카레 외에도 다른 인도 요리의 매력을 함께 배워서 카레를 먹는 날에는 식탁을 좀 더 화려하게 연출해보세요.

이 책에는 친숙한 인도 카레부터 일본에서는 맛보기 힘든 독특한 요리까지 다양한 맛을 즐길 수 있는 요리들이 실려 있습니다. 그리고 이들 요리에는 의외의 공통점이 있는데, 바로 재료 본연의 맛을 살리는 것이 맛의 비결이라는 점입니다.

인도 요리는 모든 재료의 맛과 향을 강렬한 향신료가 덮어버리는 요리라고 생각하시는 분들도 계실지도 모릅니다. 하지만 절대로 그렇지 않습니다.

이 책에 실린 요리 중에는 다양한 향신료를 듬뿍 넣은 자극적인 요리뿐만 아니라, 향신료를 최대한 적게 사용해 담백하고 깔끔한 맛을 내는 요리도 있습니다. 어느 쪽이나 향신료의 주된 역할은 재료 본연의 맛을 살리는 것입니다. 육류, 어패류, 채소류 같은 재료를 손질하는 단계에서부터 향신료를 사용함으로써 친숙한 재료에 숨어 있던 새로운 매력을 끌어냅니다. 이 책의 가장 큰 목적은 여러분에게 그런 놀라움을 느끼게 하는 것입니다.

이나다 슌스케

---

* Basmati rice: 인도·파키스탄이 원산지인 길쭉한 쌀로, 독특한 식감과 향을 지녔다. - 옮긴이
** biriani: 바스마티 쌀에 고기나 생선, 채소 등을 넣고 찐 인도의 쌀 요리. - 옮긴이

CONTENTS

머리말
'카레란 과연 어떤 요리일까?' 6

들어가기 전에
I   기본 재료와 조리법 10
II   인도 카레에 쓰이는 향신료 14
III   인도 카레에 필요한 네 가지 기본 테크닉 16
IV   필수 도구와 있으면 편리한 도구 20

이 책의 사용법 22

제 1 장
모두가 좋아하는!
일반적인 인도 카레

카레의 대표, 치킨 카레 24
비프 키마 뱅간 28
치킨 키마 마타르 32
본격 버터 치킨 카레 36
진한 새끼양고기 마살라 40
베지터블 쿠르마 44
토마토 크림 새우 카레 48
네팔식 포크 카레 52
퀵 카레 2종
    퀵 스파이시 치킨 카레 57 | 퀵 버터 치킨 카레 58

제 2 장
좀 더 전문적인!
인도 각지의 카레

달 베이스 60
HOW TO   달 베이스는 만드는 법 62
달 베이스를 응용한 요리
    달 타드카 63 | 달 프라이 64 | 뭉 달 라삼 66
알루 고비 마살라 68
오크라를 넣은 타마린드 카레 70
아비알 72
케랄라식 치킨 카레 74
고아식 포크 빈달루 76
하이데라바드식 살감 비프 78
타밀식 연어 민 푸투 80
케랄라식 결혼식용 생선 카레 82
HOW TO   타마린드 액 만드는 법 84

제 3 장
일반인은 모르는 전문가의 비법
레스토랑 스타일의 인도 카레

편리한 아이템 '어니언 그레이비'로
고급 레스토랑 스타일의 카레를 만들어보자! 86
HOW TO   어니언 그레이비 만드는 법 88
어니언 그레이비의 기본 사용법 89
셰프의 치킨 카레 90

마일드 포크 카레 …………………………… 92
크리미 키마 카레 …………………………… 94
믹스 채소 카레 ……………………………… 96
치킨 잘프레지 ……………………………… 98
궁중식 새끼양고기 코르마 ………………… 100
비프 도 피아자 …………………………… 102
시금치 치즈 카레 ………………………… 104
시푸드 카레 ……………………………… 106
COLUMN 인도 레스토랑 요리와
          어니언 그레이비의 진가 ………… 108

시금치 라이타 …………………………… 133
토마토 라이타 …………………………… 133
순달 ………………………………………… 134
카춤버 ……………………………………… 134
레몬 우루가이 …………………………… 135
캐비지 토란 ……………………………… 136
템퍼드 포테이토 ………………………… 137
브로콜리 마시얄 ………………………… 138
뱅건 바지 ………………………………… 139
망고 슈리칸드 …………………………… 141
딸기 쿨피 ………………………………… 142
라이스 파야삼 …………………………… 142

마지막으로 ………………………………… 143

제 4 장
인도 요리 알라카르트

타밀식 치킨 비리아니 …………………… 110, 112
하이데라바드식 새끼양고기 비리아니 …… 111, 114
HOW TO 비리아니 담는 법 ……………… 117
바스마티 쌀 ……………………………… 119
카레용 만능 밥 …………………………… 120
강황 밥 …………………………………… 120
페퍼 커민 밥 ……………………………… 120
차파티 ……………………………………… 122
난 …………………………………………… 124
인도 사람처럼 가장 맛있게 카레를 먹는 법 … 126
새끼양고기 케밥 …………………………… 128
레몬 치킨 티카 …………………………… 130
비프 코프타 ……………………………… 131
믹스 라이타 ……………………………… 133

> 들어가기 전에

I 기본 재료와 조리법

양파

양파는 거의 모든 카레에 들어가는 기본 재료로, 단맛과 감칠맛을 낸다. 또 양파를 써는 방법과 볶는 정도에 따라 카레에 다양한 식감(아삭아삭, 걸쭉, 뻑뻑, 부드러움)을 줄 수 있어 카레의 개성을 좌우한다.

① 다지기

※ 너무 잘게 다질 필요는 없다. 너무 고르지 않게 '굵게 다지기만' 해도 충분하다.

※ 다진 양파를 오래 볶아 익히면 단맛이 우러나고 걸쭉한 식감을 낼 수 있다.

※ 비교적 부드러운 카레가 만들어진다.

효율적으로 써는 법

1 양파를 세로로 반을 썬 다음, 7~8mm 간격으로 칼집을 낸다. 간격이 고르지 않아도 된다. 손으로 잡은 끝부분은 잘리지 않게 한다.

2 양파를 90도 돌린 다음, 가장자리부터 썬다. 고르지 않게 굵게 썰어도 상관없다!

3 썰고 남은 가장자리 부분은 바닥에 쓰러뜨린 다음, 1cm 간격으로 칼집을 낸다.

4 가장자리부터 썬다.

5 썰고 남은 꼭지 주변도 적당한 크기로 썬다.

6 꼭지만 남는다!

② 케랄라 썰기

※ 양파를 두껍고 짧게 써는 방식으로, 일본어에는 정확히 들어맞는 표현이 없어서 인도 요리 연구가 가토리 가오루 씨가 붙인 명칭이다.

※ 양파를 빠르고 쉽게 준비할 수 있어 인도에서 가장 일반적으로 쓰이는 방식으로, 특히 남인도 케랄라(Kerala) 지방에서 많이 쓰여 케랄라 썰기라는 명칭을 붙이게 되었다.

※ 양파를 살짝 볶아 아삭아삭한 식감을 남길 때 주로 사용하지만, 양파가 흐물흐물해질 때까지 오랫동안 끓여 부드러운 카레를 만들 수도 있다.

써는 법

1 양파를 세로로 반을 썬 다음, 다시 가로로 반을 썬다.

2 양파를 90도 돌린 다음, 끝에서부터 얇게 썬다.

③ 프라이드 어니언(Fried onion)

※ 양파의 섬유질과 수직 방향으로 얇게 썬 다음, 기름을 넉넉히 두른 팬에 넣고 가열한다.

※ 가열하다 보면 수분이 날아가 마지막에는 마치 튀긴 듯한 상태가 된다. 이것이 프라이드 어니언이다.

※ 향과 감칠맛이 강하게 우러나오므로 걸쭉하고 진한 카레를 만들기에 적합하다.

④ 보일드 어니언 그레이비(Boiled onion gravy)

※ 큼직하게 썬 양파를 냄비에 넣고 물을 잠길 정도로 부은 다음, 물러질 때까지 푹 끓인 후 믹서 등으로 갈아 페이스트 상태를 만든다.

※ 인도 레스토랑에서, 소위 전문가들이 많이 사용하는 기법이다. 이 페이스트를 기본으로 삼아 여러 요리에 두루 쓸 수 있는 카레 소스를 만들어둔다.

※ 이 소스만 준비해두면 부드럽고 걸쭉한 카레를 단시간에 만들 수 있다.

토마토

토마토는 마치 육수처럼 카레에 자연스러운 감칠맛과 산미를 부여하는 역할을 한다. 생토마토뿐만 아니라 다양한 토마토 가공품이 카레에 사용되는데, 이 책에서는 기본적으로 다음 세 가지를 사용한다.

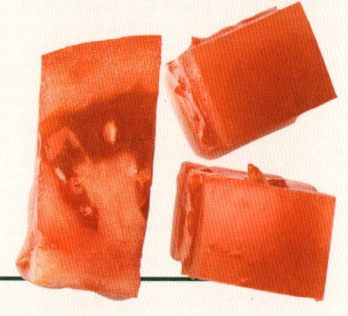

① 생토마토

생토마토는 잘게 썰어 양파 등과 함께 볶아서 사용하거나 반달 모양으로 썰어 끓일 때 넣기도 한다.

이 책에서 토마토를 큼직하게 써는 방법

1 토마토를 세로로 반 썬다.

2 꼭지의 반대 부분도 살짝 잘라내고, 꼭지를 제거한다.

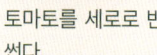

3 자른 단면을 바닥에 오게 둔 다음, 1cm 간격으로 썬다.

4 토마토를 90도 돌린 다음, 1cm 간격으로 썬다. 토마토 반개를 4×4 또는 4×6으로 썬다고 생각하자. 모양은 고르지 않아도 된다.

※ 카레에 들어가는 생토마토는 대부분 조리 과정에서 푹 익어 나중에는 거의 형체를 알아볼 수 없게 되지만, 토마토의 모양이 남아 있도록 일부러 단시간만 끓이는 카레도 있다.

※ 신선한 풍미를 살리고 싶은 가벼운 카레에 생토마토를 사용한다.

② 토마토퓌레

※ 토마토를 페이스트 상태로 만들어 바짝 조린 제품이다. 가정에서는 파우치에 든 100g짜리 제품을 사용하는 게 좋다. 사용하고 남으면 냉동 보관할 수도 있다.

※ 주로 카레를 끓일 때 물과 함께 넣는다.

※ 짧은 시간만 끓여도 부드럽고 진한 맛이 나므로 푹 끓여 깊은 맛을 내야 하는 카레에 잘 어울린다.

③ 토마토 통조림

※ 생토마토와 토마토퓌레의 중간에 해당하는 제품으로, 통조림만이 지닌 장점은 딱히 없다. 게다가 통조림만의 독특한 산미와 맛을 잡기 위해 어느 정도 푹 끓일 필요가 있다.

※ 하지만 반대로 말하면 생토마토나 토마토퓌레의 대용품으로 쓸 수 있다는 말이기도 하다. 통조림을 대신 사용할 때는 양을 다음과 같이 환산하자.

※ 토마토 통조림은 크러쉬드 토마토를 쓰는 것이 좋지만, 홀 필드 토마토를 으깨어 사용해도 된다. 하지만 다이스 토마토는 마지막까지 형태가 남기 쉬우므로 사용하지 않는 것이 좋다.

⊙ 토마토퓌레 100g ➡ 토마토 통조림 160g, ⓒ 생토마토 100g ➡ 토마토 통조림 80g

마늘·생강

카레에 들어가는 중요한 향신채다. 향신료와 함께 카레의 독특한 향을 담당하며, 주재료와 향신료를 중재하는 존재다. 게다가 마늘은 깊은 맛과 감칠맛을 내는 데에도 관여한다. 써는 방법이나 익히는 정도에 따라 맛이 크게 달라지는 재료다.

① GG 페이스트

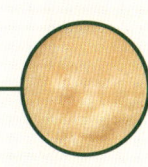

인도 요리에서 마늘과 생강은 같은 비율로 섞어 사용할 때가 많으므로 미리 믹서에 함께 갈아 GG 페이스트(Ginger garlic paste)를 만들어 두었다가 필요할 때 꺼내 쓴다. 믹서에 갈 때는 물을 첨가해 좀 더 부드럽게 페이스트를 만든다.

※ 미리 만들어 두면 카레를 훨씬 간편하게 만들 수 있을 뿐만 아니라, 부드러운 카레를 만들 수 있고, 밑간할 때도 재료에 더 잘 배는 장점이 있다.

※ 한꺼번에 많은 양을 만든 다음, 얇게 펴서 냉동 보관하면 쓰기 편하고 풍미도 떨어지지 않는다.

※ 믹서가 없을 때는 다지거나 얇게 썰어 사용하자.

만드는 법

1  마늘은 껍질을 벗긴 다음 칼등으로 으깬다. 생강은 껍질을 벗기지 않고 얇게 썬다.

2  마늘, 생강 각각 50g과 물 100g을 믹서에 넣고 간다.

② 다지기

※ 마늘과 생강 둘 중 하나를 단독으로 사용할 때는 기본적으로 다져서 넣는다. 너무 잘게 다지면 굳이 다져 넣는 의미가 없어지므로 굵게 다지는 것이 좋다.

※ 굵게 다진 마늘을 기름에 바싹 구워 향을 낼 수도 있다.

※ 굵게 다진 생강은 향뿐만 아니라 식감과 맛에도 포인트를 준다.

③ 기타

※ 통마늘을 카레에 넣고 완전히 흐물흐물해질 때까지 장시간 푹 끓이는 방법도 있다.

※ 생강은 찜 요리 등에 얇게 썰어 넣어 향을 낼 때가 있다. 또 채를 썰어 물에 잠시 담가 두었다가 요리 마지막에 토핑으로 올리는 방법도 효과적이다.

※ 시중에 판매되는 튜브 형태의 간 마늘이나 간 생강을 GG 페이스트 대신 쓰는 것도 가능은 하지만, 특유의 맛과 향을 잡으려면 충분히 볶아야 한다.

들어가기 전에

II 인도 카레에 쓰이는 향신료

네 가지 기본 향신료

카레의 기본 바탕이 되는 네 가지 향신료를 소개한다.
이들은 거의 모든 카레에 쓰인다.

① 코리앤더

Coriander. 고수 씨. 귤을 연상시키는 산뜻한 향이 난다. 향 자체는 연한 편이지만, 모든 향신료를 '아우르는 역할'을 한다.

② 커민

Cumin. 인도 카레의 화려한 향을 만드는 주역이다. 카레에 더 진한 맛을 선사한다.

③ 카옌 페퍼

Cayenne pepper. 카레의 매콤한 맛의 한 축을 담당하는 동시에 먹음직스러운 향과 붉은 색감을 연출한다.

④ 강황

Turmeric. 카레의 토대가 되는 화려한 노란빛과 흙냄새를 닮은 묵직한 풍미를 선사한다.

카레에 개성을 부여하는 네 가지 주요 향신료

저마다 개성이 강해 카레의 향을 좌우하는 향신료다.
위에 소개한 네 가지 기본 향신료에 이들을 더하면 카레 특유의 화려한 향이 만들어진다.

⑤ 카다몬

Cardamon. 고급스럽고 화려한 향을 지녀 향신료의 여왕이라고도 불린다.

⑥ 클로브

Clove. 달콤하고 진한 향을 내는 향신료로, 정향이라고도 부른다. 가장 풍미가 강한 향신료 가운데 하나다.

⑦ 흑후추

Black pepper. 그 자체만으로도 개성적인 풍미를 내지만, 다른 재료의 맛을 끌어올리는 역할도 하는 만능 향신료다.

⑧ 시나몬

Cinnamon. 매콤달콤한 독특한 향이 요리에 깊은 맛을 더한다.

가람 마살라란?

가람 마살라(Garam masala)는 카레에 꼭 필요한 각종 향신료를 적정 비율로 혼합한 것이다. 특히나 앞에서 소개한 ⑤~⑧ 같은 개성 강한 향신료들은, 따로 넣다 보면 맛의 균형을 잡기가 어려워서 미리 적정 비율로 혼합한 제품을 사용하는 경우가 많다. 바꾸어 말하면 ①~④의 네 가지 기본 향신료 외에 가람 마살라만 갖추어 두면 기본적인 카레는 거의 다 만들 수 있다.

여기서는 가람 마살라를 준비하는 세 가지 방법을 소개한다.

Ⓐ 시판용 가람 마살라 제품을 구입한다

가장 손쉬운 방법이다. 다만, 생산업체나 브랜드에 따라 배합과 풍미가 상당히 차이 난다. 일본에서 판매하는 제품 중에서 가장 쓰기 편한 제품 두 가지를 소개한다.

에스앤비(S&B) 가람 마살라*
카다몬과 흑후추가 많이 든 산뜻한 가람 마살라다. 아래에 소개할 수제 가람 마살라와 조금 비슷한 풍미를 낸다. 단, 이 제품에는 고추가 들어가므로 만드는 카레의 종류에 따라 맵기를 조절해야 할 수도 있다.

마스코트 가람 마살라**
시나몬과 클로브 향이 강한 중후하고 정통적인 풍미를 지녔다. 인도 현지에서 가장 일반적인 풍미라 할 수 있는 만큼 일본인에게는 조금 개성이 강하게 느껴질 수도 있다.

Ⓑ 여러 향신료 가루를 섞어서 만든다

재료

커민 가루	8g
코리앤더 가루	8g
카다몬 가루	8g
흑후추 가루	8g
클로브 가루	4g
시나몬 가루	4g

만드는 법

준비한 향신료를 섞은 다음, 밀폐용기에 담아 어둡고 서늘한 곳에 보관한다.

※ 이렇게 만든 가람 마살라는 시판용 제품보다 향이 진하고, 맛이 깔끔하다.

Ⓒ 여러 향신료를 통째 섞고 직접 갈아 만든다

재료

커민 씨	8g
코리앤더 씨	8g
통카다몬(깍지째 사용해도 된다)	8g
통흑후추	8g
통클로브	4g
시나몬 스틱	4g

만드는 법

1 모든 재료를 달군 프라이팬에 1분 정도 가볍게 볶는다. 단, 갈색빛이 돌 때까지 <mark>너무 오래 볶아서는 안 된다.</mark> 향신료를 빻기 쉽도록 향신료에 남아 있는 미량의 수분을 날려 버린다는 생각으로 볶아야 한다.

2 볶은 향신료는 밧드*** 등에 넓게 펼쳐 식힌다. 식는 과정에서 수분이 더 날아간다. 포장을 갓 개봉한 신선한 향신료는 1~2의 과정을 생략해도 크게 문제가 없다.

3 2의 향신료를 전동 블렌더 등에 넣어서 간다. 완전히 곱게 갈리지 않아도 어느 정도 굵게 갈리기만 하면 된다. 특히 카다몬 깍지는 섬유질이 남기 쉬운데, 남아도 크게 상관없다. 만약 그게 싫다면 체에 한 번 거른다.

Inada's Voice

이 책에서는 Ⓑ나 Ⓒ를 사용할 것을 전제로 하지만, 시판용 제품인 Ⓐ를 대신 사용해도 된다. 다만, 한 번이라도 좋으니 수제 가람 마살라, 특히 Ⓒ를 사용해보자. 그 맛을 한 번 알고 나면 앞으로 다른 가람 마살라를 쓰지 못할 수도 있다. 그 정도로 환상적이니 꼭 한번 시도해보시라!

가람 마살라나 다른 혼합 향신료는 이 밖에도 다양하게 배합해서 쓸 수 있다. 그에 관해서는 각각의 카레 레시피에서 소개하도록 하겠다.

---

* 한국에서도 꽤 많이 판매하고 있는 제품이지만, 한국에서는 인도나 국내 생산 제품이 더 많이 판매되고 있다. - 옮긴이

** G마켓에서 직구로 판매하고는 있지만, 국내 판매처는 한 곳뿐이다. - 옮긴이

*** 정확한 표기는 배트(vat)로, 원래 액체를 담을 때 쓰는 큰 통을 뜻하지만, 국내에서는 주로 주방에서 쓰는 스테인리스 용기를 가리키며 발음과 표기도 '밧드'가 정착되어 있다. - 옮긴이

들어가기 전에

 인도 카레에 필요한 네 가지 기본 테크닉

- 카레를 맛있게 만드는 비결 -

템퍼링

**템퍼링(Tempering)으로
먼저 기름에 향신료의 향을 입힌다**

※ 기름을 달군 후, 향신료를 통째 넣고 볶는다. 이렇게 하면 기름에 향신료의 향이 배고, 커민 씨나 겨자 씨 같은 향신료는 그 자체가 카레에 독특한 풍미를 선사한다.

※ 템퍼링은 대부분 조리를 시작하는 첫 단계에서 시행하지만, 커민 씨 같은 향신료는 별도의 냄비에서 템퍼링을 한 다음 카레를 마무리하는 단계에서 첨가할 때도 있다.

※ 기름 온도를 190℃ 이상으로 올려야만 기름에 향이 잘 밴다. 또 너무 오랜 시간 볶으면 향신료가 타면서 향을 잃어버린다. 특히 온도가 220℃를 넘으면 빠르게 타 버릴 수 있다. 따라서 향신료의 향과 색을 수시로 확인하면서 시간과 온도를 잘 조절하는 게 중요하다. 이를 대비해 적외선 온도계를 장만해두면 편리하다.

※ 템퍼링 작업이 끝나면 향신료가 남은 열기에 더 타지 않도록 곧바로 양파처럼 수분이 많은 재료를 넣어 기름 온도를 떨어뜨린다.

겨자 씨를 템퍼링하는 방법

겨자 씨를 템퍼링할 때는 겨자 씨가 톡톡 터질 때까지 충분히 볶아야 하지만, 자칫 너무 오래 볶았다가는 겨자 씨가 타서 풍미를 잃을 수도 있다. 그렇기에 온도와 타이밍 조절이 관건이다. 기름의 적정 온도는 190~220℃로, 이보다 낮은 온도에서는 겨자 씨가 터지지 않으며, 반대로 이보다 높은 온도에서는 겨자 씨가 금세 타 버린다.

식자재 memo

【 겨자 씨 】

가열하지 않은 상태에서 으깨면 매운맛이 나지만, 인도 요리(특히 남인도 요리)에서는 템퍼링 과정에서 겨자 씨가 톡톡 터질 때 나는 견과류 같은 향이 중요하다. 참고로 템퍼링을 거친 겨자 씨는 매운맛이 모두 날아간다.

만드는 법

1. 겨자 씨와 기름을 냄비에 붓는다(a). 냄비는 겨자 씨가 밖으로 튀지 않도록 깊이가 어느 정도 있는 제품을 사용하는 것이 좋다.

2. 냄비를 중불에서 가열한다. 약불에 놓으면 기름 온도가 쉽게 올라가지 않아 가열하는 의미가 없다. 시간이 좀 지나면 겨자 씨 주변에 작은 기포가 생기기 시작한다. 이때까지의 과정은 다른 씨앗 향신료와 비슷하다.

3. 그대로 계속 가열하면 겨자 씨가 조금씩 톡톡 터지기 시작한다(b). 겨자 씨는 다른 씨앗 향신료와는 달리, 씨앗이 이렇게 터져야만 비로소 향이 나기 시작한다.

4. 기름 온도가 올라가고 시간이 지나면 겨자 씨가 톡톡 터지는 소리가 요란해진다(c). 이때부터는 기름 온도가 더 올라가지 않도록(220℃ 이하) 불을 조절한다.

5. 겨자 씨가 톡톡 터지는 소리는 마치 포물선을 그리듯 갈수록 요란해졌다가 차츰 수그러든다. 이론상 '겨자 씨가 다 터지려면' 톡톡 소리가 완전히 멎을 때까지 기다려야 하지만, 그러다 오히려 겨자 씨가 심하게 타 버릴 수 있다. 따라서 톡톡 소리가 한창 요란했다가 조금 잦아든다 싶을 때, 바로 다음 공정으로 넘어가 기름 온도를 떨어뜨리는 것이 좋다. '전체 겨자 씨 가운데 2/3 정도만 터져도 된다'라는 생각으로 작업을 진행하자.

6. 양파처럼 수분이 많은 재료를 첨가하면 기름 온도가 단숨에 떨어져 겨자 씨가 탈 걱정을 하지 않아도 된다(d).

※ 3~5에서 터진 겨자 씨가 냄비 밖으로 튈 수 있으니 얼굴을 너무 가까이 대지 않도록 주의하자. 또 가스레인지 주변에도 기름이 튈 수 있다. 따라서 템퍼링을 몇 번 해보면서 감을 잡았다 싶으면 3에서부터는 뚜껑을 덮고 하는 방법도 있다.

a

b

c

d

> 들어가기 전에

마살라

기름, 향신채, 향신료가 혼연일체를 이룬 마살라는 말하자면 카레의 베이스다

※ 마살라라는 말은 인도 요리에서 다양한 의미를 지닌다. 향신료나 이를 혼합한 것을 가리킬 때도 있지만, 여기서 말하는 마살라는 기름, 향신채, 향신료를 섞으면서 가열해 혼연일체가 된 것을 지칭한다. 말하자면 카레의 베이스인 셈이다.

※ 템퍼링을 마친 냄비에 양파, 마늘, 생강 같은 향신채를 넣고 볶다가 어느 정도 익으면 향신료를 첨가하고 계속 볶는다. 향신료를 넣기 전에 토마토 등이 들어갈 때도 있으며, 다른 순서도 뒤바뀔 때가 있다.

※ 어쨌든 모든 단계에서 표면에 기름기가 돌 때까지 충분히 가열하는 것이 핵심이다. 특히 가루 향신료는 병에 담겨 있을 때는 반쯤 잠든 것이나 다름없는 상태다. 여기에 열을 가해 향신료를 두드려 깨운다는 생각으로 불을 넣으면 향이 활성화되어 기름에 녹아 들어가 카레의 맛을 만든다.

볶기·끓이기

인도 카레의 본질은 끓인다기보다는 오히려 볶는 것이다

※ 완성된 마살라에 주재료가 되는 고기 등을 넣은 다음, 마살라를 끼얹듯이 볶아 나간다. 이 공정에서 재료의 표면이 확실히 익으면서 재료와 마살라의 맛이 어우러져 카레의 맛의 골격을 완성한다.

※ 요리에 따라서는 이 공정에 가루 향신료를 넣거나 고기를 미리 향신료나 요구르트 등에 재웠다가 넣을 때도 있다. 이런 경우에는, 즉 마살라를 만드는 공정과 볶는 공정이 동시에 진행되므로 충분히 볶는 작업이 중요해진다. 이런 경우에도 볶는 작업을 끝마치는 기준은 재료 표면에 기름기가 잘 도는지다.

※ 다 볶고 나면 여기에 수분을 첨가해 끓이는 공정에 돌입하는데, 카레의 종류에 따라서는 그대로 계속 볶아 조리를 마치거나 극소량의 수분만을 첨가해 끓인다기보다 거의 삶다시피 하는 경우도 적지 않다.

※ 수분을 넣어 장시간 끓인다고 해도 카레가 눌어붙지 않도록 최소한의 양만 넣는 경우가 대부분이다. 또 그렇게 첨가한 물은 대부분 끓이는 과정에서 증발한다고 생각하면 된다. 인도 카레는 볶는 과정에서 맛의 골격을 완성하고, 끓이는 과정에서 추가로 가열해 맛을 보완한다고 생각하는 것이 중요하다.

마무리

플러스 알파가 카레의 맛을 더 깊게 만들고, 다채로움을 더한다

※ 마살라(=기름+향신채+향신료)+주재료(+물)가 인도 카레의 기본 구조지만, 여기에 추가되는 다양한 요소 덕분에 카레의 맛이 더욱 다채로워진다.

※ 요구르트나 코코넛밀크는 카레의 맛에 극적인 변화를 가져다준다. 분리되지 않도록 마지막 단계에 넣는 경우가 많은데, 일부러 끓이기 시작할 때 넣어서 분리하는 경우도 있다.

※ 생크림은 손쉽게 카레에 진하고 부드러운 맛을 더해 주는 치트키 같은 아이템이다. 캐슈너트 페이스트는 여기에 진한 걸쭉함을 더하는 효과도 있다. 그렇다고 여기저기 다 넣었다가는 전부 맛이 비슷비슷해질 테니 꼭 필요한 순간에 사용하도록 하자!

※ 마무리 단계에서 자주 쓰는 재료로 허브나 레몬즙이 있다. 특히 고수는 모든 카레의 맛을 한 차원 끌어올려 주는 '녹색 라면 수프' 같은 존재다. 말린 허브인 카수리 메티도 마찬가지다. 레몬즙은 맛을 깔끔하게 잡아 준다.

※ 카레를 그릇에 담고 그 위에 토핑을 올리는 방법도 효과적이다. 토핑으로 자주 쓰이는 재료로는 고수, 얇게 썬 적양파, 채 썬 생강, 생토마토, 얇게 썬 풋고추 등이 있는데, 토핑을 올리면 카레의 맛과 모양이 한 단계 업그레이드된다.

> 들어가기 전에

IV 필수 도구와 있으면 편리한 도구

디지털 저울

※ 이 책의 재료표는 재료를 기본적으로 개수나 계량스푼이 아닌 중량으로 표시하고 있다. 양파든 토마토든 '한 개'의 차이가 너무 큰데다 소금과 향신료도 중량으로 표시하는 게 오차 범위가 작기 때문이다. 단, 향신료만은 사용하는 양이 너무 적어 무게를 재기 힘든 경우에 향신료의 종류에 상관없이 '1작은술 = 2g'으로 어림잡아 계산할 수 있다(향신료는 양을 대충 맞추어도 된다는 뜻이 아니지만, 소금만큼 정확한 양이 요구되지는 않는다).

※ 재료의 계량만큼이나 중요한 것이 완성된 요리의 중량을 재는 것이다. 카레를 끓이는 과정에서 증발하는 수분의 양은 완성되는 카레의 상태에 매우 큰 영향을 끼친다. 이 책의 레시피에는 대부분 완성된 요리의 이상적인 중량이 기재되어 있다. 최대한 그 중량에 맞출 수 있도록 조리 중에 물을 더 넣거나 더 오래 끓이거나 하자. 이를 위해 평소에 자주 사용하는 냄비는 무게를 미리 재서 메모해 두는 것이 좋다. 조리 중에 뜨거운 냄비를 저울에 올려야 하므로 코르크 등으로 만들어진 냄비 받침도 준비해 두자. 사진처럼 내열 실리콘 커버가 부착된 제품을 사용하는 것도 좋은 방법이다.

※ 디지털 저울은 일반적인 제품을 사용해도 되지만, 0.1g 단위로 2kg 이상 측정할 수 있는 제품을 사면 더 편하다.

냄비・프라이팬

※ 2인분용 레시피는 지름이 18cm인 프라이팬, 4인분용 레시피는 지름이 18cm인 작은 냄비를 사용하는 것이 좋다. 적어도 이 두 가지는 갖추어놓는 것이 편하다.

※ 꼭 두꺼운 제품을 쓸 필요는 없지만, 가능하면 불소수지 코팅이 된 제품을 사용하는 것이 편하다.

블렌더·믹서·푸드 프로세서

※ 꼭 필요한 것은 아니지만, GG 페이스트나 수제 가람 마살라, 코코넛밀크 같은 기본 아이템을 만들 때 있으면 편리하다. 이 밖에도 이 책에는 캐슈너트나 시금치 등을 페이스트 상태로 만들어 사용하는 레시피도 일부 등장한다.

※ 앞으로 할 작업을 모두 하나로 해결할 수 있는 소형 블렌더(매직 불렛 블렌더)를 특히 추천한다.

그 외 있으면 편리한 도구

실리콘 주걱
카레를 만들 때 나무 주걱 외에도 실리콘 주걱까지 있으면 좀 더 위생적이다. 설거지하기도 더 편해진다!

타이머
카레를 끓이는 시간 등을 관리할 때 유용하다. 익숙해지면 두세 가지 카레를 동시에 만들 일도 생길 테니 여러 개 장만해도 다 쓸모가 있다.

적외선 온도계
첫 번째 난관인 '템퍼링'을 실패하지 않도록 하나 장만해 두면 안심이 될 것이다.

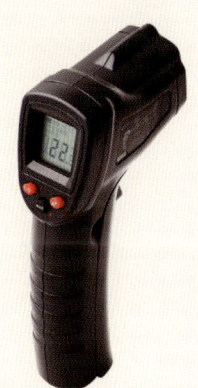

이 책의 사용법

이 책을 100% 활용할 수 있도록 책을 보는 방법을 소개한다.

요리명에 대해
현지의 명칭을 바탕으로 일반적으로 부르는 명칭, 이해하기 쉬운 명칭, 요리의 재료를 연상시키는 단어 등을 넣어 붙였으며, 힌디어나 영어 등이 섞여 있다. 아래의 영문 표기도 마찬가지다.

본문에 대해
소개할 요리의 배경이나 재료, 먹는 방법, 저자의 생각 등이 정리되어 있다. 이 부분을 읽기만 해도 인도 요리의 원형과 그것이 어떤 식으로 발전되었는지 등을 잘 이해할 수 있으며, 기초 지식도 자연스레 익히게 된다.

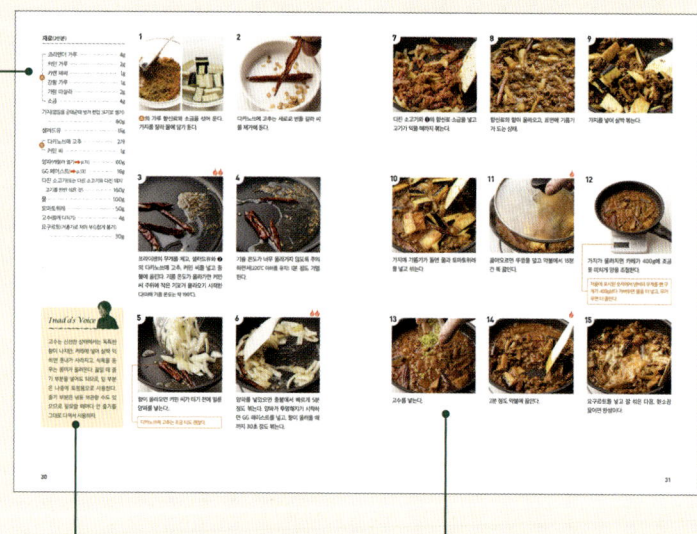

재료표에 대해
- 기본적으로 레시피에 등장하는 순서대로 표기되어 있다.
- 재료를 써는 법은 기본적으로 재료표에 표기했다. 재료는 미리 손질해 두자.
- 재료는 전부 먹을 수 있는 부위(알맹이)의 중량을 표기했다. 닭고기나 양파처럼 껍질을 벗겨 사용하는 식자재는 이를 모두 제거해 손질을 마친 후의 분량이다.
- 향신료는 원형 그대로 사용할 경우에는 '통', 분말 형태를 사용할 경우에는 '가루'로 표기했다.
- 버터는 가염 버터를 사용한다.
- 카레는 p.118~125의 밥이나 차파티, 난과 함께 먹도록 한다.

만드는 법에 대해
- 만드는 순서에 따라 각 과정의 사진을 따라가며 설명한다.
- 조리도구나 조리기구, 주방 환경이 가정마다 다르므로 가열 온도나 시간, 불 조절은 책에 표시된 기준치를 참고해 조정한다.
- 카레의 중량은 냄비나 프라이팬에 담긴 상태에서 잰 중량에서 조리도구의 중량을 빼서 계산한다. 이를 위해 조리 전에 미리 프라이팬이나 냄비의 무게를 재서 메모해 두자.
- 냉장고에 넣을 때는 요리가 마르지 않게 랩을 씌운다.
- 붉은색 네모 칸에는 요리를 더 맛있게 만들 수 있는 비결을 적어놓았다.

Inada's Voice에 대해
저자가 요리의 배경이나 조리 비법, 포인트 등을 독자에게 전하는 공간이다.

제 1 장

모두가 좋아하는!

일반적인 인도 카레

STANDARD INDIAN CURRY

카레의 대표, 치킨 카레

CHICKEN CURRY

토마토와 양파를 베이스로 한 기본적인 치킨 카레다.

닭고기는 다른 육류보다 끓이는 시간이 짧은데다 감칠맛이 풍부하다. 여기에 양파나 토마토의 단맛까지 첨가해 맛을 한층 끌어올리고, 향신료로 요리에 풍미를 더하는 것이 치킨 카레의 기본 구조. 인도 카레의 특징 중 하나가 간을 할 때 육수나 부이용, 발효 조미료 등을 사용하지 않는다는 점인데, 소금만으로도 손쉽게 간을 맞출 수 있는 치킨 카레는 가장 먼저 배워 둘 카레 가운데 하나다.

이 레시피는 적당한 걸쭉함과 자연스러운 진한 맛 그리고 향신료의 적절한 풍미가 어우러진 인도의 대표적인 카레로, 입맛에도 잘 맞아서 질리지 않는 안정적인 맛을 느낄 수 있다. 또 인도 카레에 필요한 기본적인 기술을 웬만큼 다 배울 수 있는 레시피이기도 하다.

이 레시피의 핵심은 재료를 볶는 전반부 공정으로, 재료를 하나씩 추가할 때마다 표면에 기름이 잘 밸 때까지 충분히 볶아야 한다. 하지만 결코 태워서는 안 된다. 타기 바로 직전까지 볶을수록 카레가 더 진한 맛을 낸다.

하지만 재료를 태우는 것보다야 당연히 덜 익히는 편이 나으므로 처음부터 무리해서 오래 볶으려 들지 말고, 요리가 어느 정도 손에 익을 때까지 경험을 쌓는 것이 좋다. 이런 단순한 요리일수록 여러 번 만들어보면서 숙련도를 높이는 것이 중요하다. 이 레시피가 부디 여러분의 인생 레시피가 되었으면 한다!

재료(4인분)

- ┌ 코리앤더 가루 ········· 8g
- │ 커민 가루 ············· 4g
- │ 강황 가루 ············· 2g
- A│ 카옌 페퍼 ············· 2g
- │ 파프리카 가루 ········· 2g
- │ 가람 마살라 ··········· 4g
- └ 소금 ·················· 8g
- 샐러드유 ················ 60g
- ┌ 커민 씨 ··············· 2g
- B│ 시나몬 스틱 ········ 1개(3g)
- └ 월계수 잎 ············· 2장
- 양파(다지기) ············ 240g
- GG 페이스트(➡ p.13) ···· 32g
- 닭다리살(껍질을 벗겨 한입 크기로 썰기)
  ······················ 300g
- 토마토퓌레 ············· 100g
- 물 ····················· 200g

1

Ⓐ의 가루 향신료와 소금을 섞어 둔다. 사용할 냄비의 무게도 재 둔다.

2

냄비에 샐러드유와 Ⓑ의 향신료를 넣고, 중불에 올린다. 기름 온도가 올라갈수록 향신료 주위에 작은 기포가 생기기 시작한다(이때 기름 온도는 약 190℃).

3

기름 온도가 너무 올라가지 않도록 (220℃ 이하) 1분 정도 가열한다.

4

향이 나기 시작하면 커민 씨가 타기 전에 얼른 양파를 넣는다.

> 월계수 잎이 갈색에 가깝게 변하지만, 신경 쓰지 않아도 된다!

Inada's Voice

파프리카 가루는 쉽게 설명하자면 '매운맛이 없는 고춧가루'에 가깝다. 이 레시피에서는 강한 매운맛을 지닌 카옌 페퍼와 섞어서 사용해 매운맛은 적당히 유지하면서도 고추의 풍미와 색감은 한층 끌어올렸다. 평소에 매운 음식을 즐기는 사람은 레시피에 들어가는 파프리카 가루를 모두 카옌 페퍼로 바꾸어도 된다. 반대로 매운맛을 줄이고 싶을 때는 카옌 페퍼 1g에 파프리카 가루 3g을 섞어서 사용해도 된다.

5

그대로 양파를 중불에서 볶는다. 기름이 골고루 배고 지글지글 익는 소리가 나기 시작하면 뚜껑을 덮고 약불로 줄인다.

6

그대로 15분간 푹 익힌다. 재료가 눌어붙지 않도록 중간에 가끔 저어준다.

7

양파가 푹 익고 노릇노릇해지면 GG 페이스트를 넣는다.

8

중불에서 볶다가 GG 페이스트의 향이 올라오고 표면에 기름이 골고루 배면 ❶의 향신료와 소금을 첨가한다.

9

잘 섞으면서 볶다 보면 표면에 다시 기름기가 돌기 시작한다.

10

닭고기를 넣고 다시 볶는다.

11

닭고기 표면의 색이 변하고, 다시 기름기가 돌기 시작한다.

12

토마토퓌레와 물을 넣는다.

13

가끔 바닥까지 잘 저어 가며 끓인다. 끓어오르면 불을 약불로 줄이고 뚜껑을 덮는다.

14

그대로 15분간 끓인 다음, 이대로 일단 냄비의 무게를 잰다.

> 1404g에서 냄비의 무게 619g을 빼면 카레의 무게는 785g이 된다.

15

> 바로 먹어도 되지만, 자연스레 식을 때까지 30분~1시간 정도 그대로 두면 맛이 더 우러나와 카레가 진해진다.

카레의 무게가 800g에 못 미치면 물을 더 붓고, 800g보다 더 나가면 뚜껑을 덮어 다시 5분간 끓인다. 최종적으로 카레의 무게가 800g을 조금 넘는 것이 좋지만, ±50g 정도까지는 오차를 허용한다. 불을 끄면 완성이다.

비프 키마 뱅간

BEEF KEEMA VAGUN
다진 소고기와 가지를 넣은 키마 카레

키마 카레는 일본에서 큰 인기를 끌고 있지만, 사실 인도에서는 그리 자주 먹을 수 있는 음식이 아니다. 인도인들이 다진 고기보다 씹는 맛이 있는 두툼한 고기를 더 선호하는 탓도 있지만, 인도에서 다진 고기가 다지지 않은 고기보다 더 비싸다는 점도 이유일지 모른다. 다진 고기는 귀한 손님을 대접할 때 내는 '시크 케밥' 같은 그릴 요리에 주로 쓰인다.

하지만 맛있는 다진 고기를 어디서나 저렴하게 살 수 있는데 카레에 다진 고기를 넣지 않을 이유가 없다. 진한 감칠맛이 카레 전체에 우러나기 쉬운 점도 역시 일본인의 취향에 잘 맞는다.

인도에서는 고기 카레에는 고기만, 채소 카레에는 채소만 넣는 것이 기본이지만, 키마 카레에는 예외적으로 고기와 채소를 함께 넣는다. 그런 의미에서 한 끼 식사 중에 육류와 채소를 골고루 섭취하고 싶은 일본인의 성향에 딱 맞는 요리라 할 수 있다.

이 요리는 양파도 살짝 볶기만 하고 고기도 빠르게 익히기 때문에 특히나 부담 없이 만들 수 있다. 키마 카레는 소량만 만들기도 쉽기 때문에 여기서는 2인분을 기준으로 한 레시피를 소개한다. 인도 카레는 만드는 데에 능숙해지고 나면 두 가지 이상의 카레를 동시에 준비하고 싶은 마음이 생긴다. 그럴 때 두 번째 메뉴로 도전해보기 쉬운 레시피다.

들어가는 향신료는 비교적 적지만, 마지막에 요구르트와 고수를 넣으면 한껏 풍미가 살아난다.

재료(2인분)

- A
  - 코리앤더 가루 ············ 4g
  - 커민 가루 ················ 2g
  - 카옌 페퍼 ················ 1g
  - 강황 가루 ················ 1g
  - 가람 마살라 ·············· 2g
  - 소금 ···················· 4g
- 가지(껍질을 군데군데 벗겨 한입 크기로 썰기)
  ························· 80g
- 샐러드유 ·················· 15g
- B
  - 다카노쓰메 고추 ·········· 2개
  - 커민 씨 ·················· 1g
- 양파(케랄라 썰기 ➡ p.11) ··· 60g
- GG 페이스트(➡ p.13) ······· 16g
- 다진 소고기(또는 다진 소고기와 다진 돼지 고기를 반반 섞은 것) ········ 160g
- 물 ······················· 100g
- 토마토퓌레 ················ 50g
- 고수(잘게 다지기) ·········· 4g
- 요구르트(거품기로 저어 부드럽게 풀기)
  ························· 30g

1 Ⓐ의 가루 향신료와 소금을 섞어 둔다. 가지를 잘라 물에 담가 둔다.

2 다카노쓰메 고추는 세로로 반을 갈라 씨를 제거해 둔다.

3 프라이팬의 무게를 재고, 샐러드유와 ❷의 다카노쓰메 고추, 커민 씨를 넣고 중불에 올린다. 기름 온도가 올라가면 커민 씨 주위에 작은 기포가 올라오기 시작한다(이때 기름 온도는 약 190℃).

4 기름 온도가 너무 올라가지 않도록 주의하면서(220℃ 이하를 유지) 1분 정도 가열한다.

Inada's Voice

고수는 신선한 상태에서는 독특한 향이 나지만, 카레에 넣어 살짝 익히면 풋내가 사라지고, 식욕을 돋우는 풍미가 올라온다. 끓일 때 줄기 부분을 넣어도 되므로, 잎 부분은 나중에 토핑용으로 사용한다. 줄기 부분은 냉동 보관할 수도 있으므로 필요할 때마다 언 줄기를 그대로 다져서 사용하자.

5 향이 올라오면 커민 씨가 타기 전에 얼른 양파를 넣는다.

다카노쓰메 고추는 조금 타도 괜찮다.

6 양파를 넣었으면 중불에서 빠르게 5분 정도 볶는다. 양파가 투명해지기 시작하면 GG 페이스트를 넣고, 향이 올라올 때까지 30초 정도 볶는다.

7 다진 소고기와 ❶의 향신료·소금을 넣고 고기가 익을 때까지 볶는다.

8 향신료의 향이 올라오고, 표면에 기름기가 도는 상태.

9 가지를 넣어 살짝 볶는다.

10 가지에 기름기가 돌면 물과 토마토퓌레를 넣고 섞는다.

11 끓어오르면 뚜껑을 덮고 약불에서 15분간 푹 끓인다.

12 가지가 물러지면 카레가 400g에 조금 못 미치게 양을 조절한다.

> 저울에 표시된 숫자에서 냄비의 무게를 뺀 무게가 400g보다 가벼우면 물을 더 넣고, 무거우면 더 졸인다.

13 고수를 넣는다.

14 2분 정도 약불에 끓인다.

15 요구르트를 넣고 잘 섞은 다음, 한소끔 끓이면 완성이다.

치킨 키마 마타르

CHICKEN KEEMA MATAR
다진 닭고기와 완두콩을 넣은 키마 카레

마지막 단계에서 수분을 날려 마무리하는 '드라이 카레'인 키마 카레. 한 접시에 국물이 있는 다른 카레와 나란히 담아 먹기에도 좋다.

이제껏 소개한 카레와는 달리 다진 닭고기를 먼저 햄버거 패티처럼 두툼하게 구운 다음, 고기에서 흘러나온 기름에 향신채와 향신료를 볶는다. 따라서 불소수지 코팅 프라이팬을 이용하면 기름을 따로 넣지 않고 만들 수 있다. 나중에 카레를 바짝 조린 후에도 기름이 많이 나오지 않는다.

완두콩은 인도인들이 즐겨 먹는 채소로, 키마 카레에 넣는 가장 대표적인 채소다. 이 레시피에서는 냉동 완두콩을 사용하지만, 제철에 깍지에서 갓 꺼낸 생 완두콩을 사용하면 더 각별한 맛을 느낄 수 있다. 완두콩 통조림은 추천하지 않는다. 완두콩 대신 그린 빈스*나 깐 풋콩을 넣어도 맛있다.

다진 닭고기와 완두콩의 식감이 살도록 토마토는 생토마토를 사용한다.

이 레시피에서 사용하는 '스트롱 가람 마살라'는 일부러 향신료의 가짓수를 줄여서 또렷한 맛을 내어 말 그대로 '강렬한 인상'을 주는 마무리용 가람 마살라다. 조금 넉넉히 만들어 두었다가 다른 카레를 만들 때도 마지막 단계에 첨가하면 좀 더 강렬한 맛을 낼 수 있다. 향신료를 갈 만한 도구가 없을 때는 가루로 된 제품을 사서 레시피에 나온 양만큼 넣으면 섞으면 된다. 풍미는 달라지겠지만, 펜넬(회향)을 구할 수 없다면 커민을 대신 넣어도 된다.

* green beans, 깍지째 먹는 풋강낭콩. - 옮긴이

재료(2인분)

- A
  - 코리앤더 가루 · 1g
  - 커민 가루 · 1g
  - 카옌 페퍼 · 1g
  - 강황 가루 · 1g
  - 소금 · 4g
- 다진 닭다리살(가능하면 굵게 다지기) · 300g
- 양파(케랄라 썰기 ➡ p.11) · 60g
- GG 페이스트(➡ p.13) · 24g
- 꽈리고추(비스듬하게 작게 썰기) · 2개(6g)
- 카레 잎(생략 가능) · 6장
- 토마토(큼직하게 썰기) · 60g
- 물 · 60g
- 냉동 완두콩 · 60g
- 스트롱 가람 마살라(➡ 하단 참조) · 2g

1 A의 가루 향신료와 소금을 섞어 둔다. 프라이팬의 중량을 미리 재 놓는다.

2 아직 달구지 않은 프라이팬에 다진 닭다리살을 눌러서 얇게 편 다음, 중불에 올린다. 지글지글 익는 소리가 나기 시작하면 네 조각으로 나누어 햄버거 패티를 굽듯이 뒤집는다.

3 5분 정도 지나 고기가 노릇노릇해지면 대충 흐트러뜨리면서 고기를 골고루 익힌다.

> 군데군데 뭉친 부분이 있어도 이후의 공정에서 저절로 부스러지므로 신경 쓰지 않아도 된다. 오히려 덩어리를 어느 정도 남겨야 고기다운 식감을 즐길 수 있다.

4 닭고기가 익으면서 기름이 나오면 양파, GG 페이스트, 꽈리고추, 카레 잎(없으면 생략)을 넣는다.

스트롱 가람 마살라

재료(만들기 쉬운 분량)

- 통카다몬 · 4g
- 통흑후추 · 4g
- 펜넬 씨(없으면 커민 씨) · 2g

p.15를 참조해 스트롱 가람 마살라의 재료를 구운 다음, 믹서에 갈아 가루를 만든다. 치킨 키마 마타르 레시피에서는 이 중에서 2g을 사용한다.

5 계속 볶는다.

> 고기에 기름기가 너무 부족하면 샐러드유를 15g 정도 넣어도 된다.

6 양파가 거의 다 익어 투명해지면 ❶의 향신료와 소금을 넣고 더 볶는다.

7 향신료의 향이 올라오고 기름기가 돌기 시작하면 토마토와 물을 넣는다.

> 생 완두콩이나 깍지 강낭콩을 사용할 때는 이때 넣는다.

8 뚜껑을 덮고 약불에서 10분간 푹 끓인 다음, 냉동 완두콩을 넣는다.

9 재료를 골고루 섞으면서 조려 수분을 날려 보낸다.

10 수분이 줄어들기 시작하면 스트롱 가람 마살라를 첨가한다.

11 계속 조린다.

12 수분이 거의 다 날아간 상태. 이 시점에서 총 중량이 350g 정도가 되는 것이 적당하다.

> 불을 끄고 식을 때까지 그대로 두면 닭고기가 국물을 다시 빨아들여 물기는 없지만 보들보들한 상태가 된다. 다시 데울 때는 전자레인지를 이용하는 것이 좋다.

식자재 memo

【꽈리고추】

- 향신채의 일종으로, 조리의 초기 단계에서 양파 등과 함께 볶아서 사용한다.
- 향신료로 쓰는 칠리 고추나 다카노쓰메 고추처럼 매운맛을 내기는 하지만, 굳이 따지자면 허브처럼 향을 내는 역할을 더 많이 한다.
- 인도에서는 그린 칠리 고추를 주로 쓰지만, 일본에서는 구하기가 쉽지 않아 이 책에서는 꽈리고추를 대신 사용했다. 매운맛은 없지만, 향은 거의 비슷하다.

【카레 잎】

- 남인도 요리에 특히 많이 쓴다. 단, 생잎은 구하기 어려우므로 이 책에서는 만약 구할 수 있다면 쓰라는 정도로만 적어두었다.

본격 버터 치킨 카레

AUTHENTIC BUTTER CHICKEN CURRY

생토마토를 바짝 조려서 만드는 인도 궁정 요리 스타일의 제대로 된 버터 치킨 카레다. 말은 거창하지만, 소스를 조리는 정도만 잘 조절하면 그리 어렵지 않다. 이 책에서는 재료의 정확한 양뿐만 아니라, 조리 과정 중 혹은 완성된 후의 총 중량까지 전부 소개하는데, 이 레시피에서는 특히 그 점이 중요한 의미를 지닌다.

버터 치킨 카레라고 하면 달콤하면서도 진한 카레를 떠올리기 쉽지만, 이번에 소개하는 카레는 생토마토의 새콤한 풍미에 은은한 단맛이 더해진 고급스럽고 진한 카레다. 그래서 밥과도 물론 잘 어울리지만, 난이나 차파티와 함께 먹어야 제대로 된 맛을 즐길 수 있다. 또 이런 스타일의 카레는 인도식 빵뿐만 아니라 서양식 빵과도 잘 어울린다. 바게트나 잉글리시 머핀 그리고 의외로 식빵과도 잘 어울린다.

버터 치킨 카레는 원래 닭고기와 소스를 따로 조리하는 것이 특징이다. 닭고기에는 향신료를 듬뿍 뿌리지만, 소스에는 향신료를 일부러 적게 넣어 대비되는 맛을 느낄 수 있게 하는 것이 핵심이다.

구운 닭고기는 소스를 붓기 전에 이미 그 자체가 '치킨 티카(Chicken tikka)'라는 하나의 일품요리가 된다. 카레 위주의 식단을 구상할 때 요긴하게 쓸 수 있으므로 이번 기회에 꼭 한번 배워보기 바란다.

재료(2인분)

【 치킨 티카 】

닭다리살(껍질을 벗기고 한입 크기로 썰기)	200g
요구르트	30g
GG 페이스트(➡ p.13)	8g
카옌 페퍼	0.5g(1/4작은술)
강황 가루	0.5g(1/4작은술)
파프리카 가루	3g
가람 마살라	2g
레몬즙	4g
소금	2g

【 버터 치킨 소스 】

버터	20g
통카다몬(깍지를 살짝 깨 둔다)*	4알
캐슈너트(굵게 부순 것)	20g
GG 페이스트(➡ p.13)	8g
토마토(큼직하게 썰기)	300g
물	30g
가람 마살라	1g
소금	2g
벌꿀	10~20g(입맛에 맞게 조절)
카수리 메티(생략 가능)	한 자밤
생크림	60g

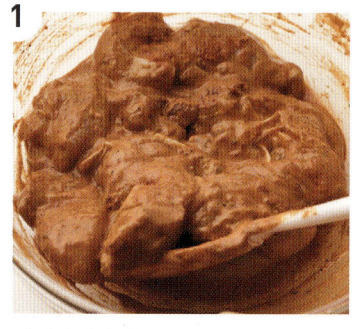

1 치킨 티카의 재료를 전부 섞어 고기를 재워 둔다. 최소 1시간, 가능하면 냉장실에 하룻밤 이상 재우는 것이 좋다. 이틀간 재워 두면 가장 좋다.

2 프라이팬에 샐러드유(분량 외)를 약간 두르고, ❶을 가지런히 놓고 중불에 올린다.

3 5분 정도 구워 표면이 노릇노릇해지면 뒤집는다. 뚜껑을 덮고 불을 약불로 줄인 다음, 5분 정도 푹 익힌다.

4 속까지 다 익으면 뚜껑을 열고, 구울 때 생긴 국물이 졸아들면서 고기에 묻도록 강불에서 조린다. 다 조려지면 다른 접시에 옮겨 둔다.

* 카다몬 사용법

나무 주걱 등으로 윗부분을 눌러 깍지를 살짝 깨면 향이 더 잘 난다.

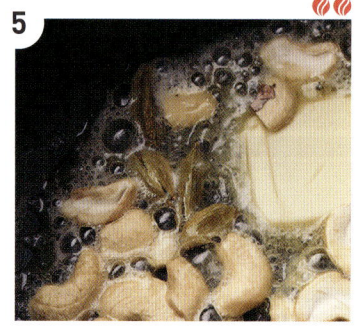

5 냄비의 무게를 먼저 잰 다음, 버터를 넣는다. 중불에 올리고, 버터가 녹으면 카다몬과 캐슈너트를 넣는다.

6 카다몬이 부풀면서 향이 올라오면 버터가 타기 전에 GG 페이스트를 넣는다.

식자재 memo 【 캐슈너트 】
- 물이나 우유 등과 함께 믹서에 갈아 페이스트 상태로 만들어 사용한다.
- 생크림만큼은 아니지만, 깊고 부드러운 맛을 내며, 루처럼 소스를 걸쭉하게 한다.

7 빠르게 볶는다.

8 토마토와 물을 넣고, 토마토가 물러질 때까지 저으면서 끓인다.

9 토마토가 물러지기 시작하면 주걱으로 으깨면서 끓이다가 재료가 모두 섞여 걸쭉해지면 불에서 내려 식힌다.

> 실제로 작업할 때는 소스를 먼저 여기까지 만들어 두고, 소스가 식는 동안 치킨 티카를 굽는 것이 효율적이다.

10 ❾가 식으면 믹서에 부드럽게 간 다음, 다시 냄비에 붓는다. 냄비를 중불에 올려 소스가 200g 정도가 될 때까지 졸인다.

11 가람 마살라, 소금, 벌꿀, 카수리 메티(취향껏)를 넣는다.

12 맛이 잘 배도록 1분 정도 끓인다.

> 생크림을 넣은 후에는 부글부글 끓이지 말 것!

13 ❹의 치킨 티카를 넣는다.

14 섞으면서 데운다.

15 생크림을 붓고 잘 섞으면 완성이다.

식자재 memo 【 생크림 】

- 주로 마지막 단계에 넣어 요리에 진한 맛을 더한다. 부드러운 맛을 내고 싶을 때는 요구르트보다 생크림을 넣는 것이 좋다.
- 꼭 고지방일 필요는 없지만, 반드시 동물성 제품을 사용하자. 식물성 크림은 가열하면 분리될 수 있다.

진한 새끼양고기 마살라

RICH LAMB MASALA

고기를 제대로 먹는다는 느낌이 드는 새끼양고기 카레다.

카레라고 하면 '맛있는 국물에 고기 건더기가 들어가 있는' 이미지를 떠올리기 쉽다. 하지만 원래 고기를 넣는 인도 카레는 어디까지나 고기를 맛있게 먹기 위해 고안된 요리다. 국물 부분은 어디까지나 부산물이라고나 할까. 다만, 그 부산물이 너무 맛있다는 점이 카레의 또 다른 매력이다.

깊은 맛을 내기 위해 양파는 '프라이드 어니언'으로 만들어 진하게 응축된 맛을 끌어낸다. 새끼양고기는 미리 요구르트나 향신료 등에 재워 둔다. 이처럼 고기가 주인공인 카레에서는 이러한 방법이 특히 효과적이다.

마지막에는 국물이 진해지지만, 처음에는 고기가 국물 안에 둥둥 떠다니는 상태에서 끓이기 시작해야 나중에 고기가 야들야들해진다. 그렇게 끓인 카레를 마지막 단계에서 적당히 조려서 국물을 진하고 걸쭉하게 만드는 것이다.

끓이는 시간이 긴 편이리 끓이는 도중에 향신료의 향, 특히 기람 미살리의 진한 향이 일부 날아가면서 향이 부드러워진다. 그래서 마지막에 고수와 가람 마살라를 추가해서 향을 더한다. 이때 '스트롱 가람 마살라'를 넣으면 더 효과적이지만, 직접 만든 일반 가람 마살라만 넣어도 충분하다.

재료(4인분)

【 새끼양고기 재우기 】

새끼양고기(다리 살이나 어깨살, 2.5cm 크기로 깍둑썰기)	500g
요구르트	50g
소금	8g
GG 페이스트 ➡ p.13	32g
코리앤더 가루	8g
커민 가루	4g
카옌 페퍼	2g
강황 가루	2g
가람 마살라	4g

【 프라이드 어니언 】

양파(섬유질과 수직 방향으로 얇게 썰기)	200g
샐러드유	100g

【 볶기·끓이기 】

프라이드 어니언의 기름	30g
물	400g 이상
토마토퓌레	100g
스트롱 가람 마살라 ➡ p.34, 또는 수제 가람 마살라 ➡ p.15	최대 4g
고수(다지기)	8g

Inada's Voice

소고기나 머튼*으로 만들어도 맛있다. 머튼은 냄새가 강하고 질기다는 이미지가 있지만, 최근 유통되는 머튼은 품질이 좋아 램과 그다지 차이가 나지 않는다. 할랄 식료품점 등에 가면 뼈가 붙어 있는 부위가 섞인 머튼을 저렴하게 파는 곳이 있다. 먹기에는 다소 불편하지만, 맛은 제일 좋다. 다만, 머튼은 램보다 두 배 이상 오래 끓여야 한다.

1 양고기를 재운다. 재료를 전부 섞어 **최소 1시간, 가능하면 냉장실에 만 하루 동안 재운다.**

2 프라이드 어니언을 만든다. 양파와 샐러드유를 약불에 올리고, 온도를 서서히 올린다.

3 5분이 지나면 양파에서 수분이 빠져나오면서 튀겨진다.

4 5분이 더 지나면 기름 온도가 150~160℃ 정도까지 올라가 양파가 빠르게 갈색으로 변하기 시작한다.

5 양파의 색이 완전히 진해지기 직전에 체로 건진다. 양파는 건져 낸 후에도 잔열과 산화로 색이 더 진해진다. 사진은 양파를 건진 후 시간이 지나 한 김 식은 상태다.

6 남은 기름은 재료를 볶고 끓일 때 넣는다. 냄비의 중량을 잰 다음, ❺에서 채로 거른 기름 중 30g을 냄비에 넣는다. 중불에 올려 기름을 데운다.

> 쓰고 남은 프라이드 어니언의 기름을 다른 카레나 볶음 요리를 할 때 사용하면 향과 진한 맛을 더할 수 있다. 기본적으로는 육류 요리에 적합하다.

---

* mutton: 1년 6개월 이상 된 나이 든 양. 램은 1년 미만인 새끼양을 가리킨다. - 옮긴이

7

❶의 양고기를 양념 국물까지 모두 냄비에 넣고 볶기 시작한다.

8

고기 표면이 익으면서 기름이 나오면 향신료 등의 향이 올라올 때까지 볶는다.

9

물과 토마토퓌레, 프라이드 어니언을 넣는다.

10

국물이 끓어오르면 뚜껑을 덮고 약불에서 끓인다. 40~60분간 끓이다 고기가 야들야들해지면 그때부터 불을 중불로 올리고, 카레의 총 중량이 800g이 될 때까지 조린다.

11

카레의 총 중량이 800g에 가까워지면 고수를 넣는다.

> 이 시점에서는 고기가 전부 국물에 잠기고, 국물은 묽은 상태다.

12

스트롱 가람 마살라도 넣고, 약불에서 맛이 잘 배게 끓인다.

13

총 중량이 800g이 되면 불을 끄고, 그대로 실온에서 식힌다.

> 이 시점에서는 고기가 전부 국물에 잠기고, 국물은 묽은 상태다.

식자재 memo

【 요구르트 】

- 이 책에서는 전부 당이 들지 않은 플레인 요구르트를 사용한다.
- 카레를 만들 때 사용하는 가장 중요한 부재료 중 하나다. 요구르트의 산미·진한 맛·풍미가 카레에 깊은 맛을 더한다.
- '카레를 부드럽게 만들기 위해 요구르트를 넣는다'라는 말을 많이 듣지만, 그런 효과는 그다지 기대하지 않는 게 좋다. 산미가 거의 없는 요구르트를 넣는다면 또 모르겠지만, 인도 요리에는 오히려 산미가 강한 요구르트를 소량 사용하는 편이 맛을 내는 데에 더 효과적이다.
- 요구르트를 카레에 넣을 때는 반드시 거품기 등을 이용해 부드럽게 만든 후에 넣어야 한다. 그런 과정 없이 요구르트를 넣으면 얼핏 부드러워 보여도 작은 덩어리들이 남게 된다.

베지터블 쿠르마

VEGETABLE KURMA

남인도식 믹스 채소 카레다.

인도 가정에서는 즐겨 먹는 채소 카레에는 채소가 한 가지만 들어가는 경우가 많지만, 이 베지터블 쿠르마에는 예외적으로 여러 채소가 들어간다.

이처럼 조금 호사스러운 카레에 넣는 채소에는 몇 가지 조합이 있는데, 이 레시피에 등장하는 '감자·콜리플라워·당근·그린 빈스'는 인도에서 가장 대표적인 조합이다.

그중에서도 콜리플라워는 인도인들이 사랑하는 채소다. 카레뿐만 아니라 구이나 튀김 요리에도 사용해 손님 접대용 요리에 빠지지 않는다.

쿠르마는 고기와 유제품을 끓여 만드는 북인도 지방의 진한 카레인 '코르마(Korma)'가 남인도 지방에 전파되면서 풍토에 맞게 채소와 코코넛밀크 등으로 대체된 요리다. 그런 배경 때문에 일반적인 남인도식 채소 카레와는 달리 카다몬이나 클로브, 월계수 잎 또는 이것들을 포함한 가람 마살라 같은 향이 강한 향신료가 들어간다. 여기에 감칠맛을 내는 향신채와 코코넛밀크까지 들어가다 보니 채식 카레인데도 포만감이 상당해 주요리로도 충분하다.

인도 요리에서 중요한 위치를 차지하는 채식 카레에 입문용 요리로 좋다.

재료(2인분)

【 채소 삶기 】

각종 채소(여기서는 비슷한 양의 감자, 콜리플라워, 당근, 그린 빈스를 사용, 한입 크기로 썰기)	총 200g
물	50g
소금	2g
강황	1g
월계수 잎	1장

A (섞기)
코리앤더 가루	2g
커민 가루	2g
카옌 페퍼	1g
파프리카 가루	1g
가람 마살라	1g
소금	2g

샐러드유	30g
겨자 씨	1g
양파(케랄라 썰기 ➡ p.11)	60g
GG 페이스트(➡ p.13)	16g
토마토(큼직하게 썰기)	80g
코코넛밀크	100g

식자재 memo

【 코코넛밀크 】

- 요구르트만큼이나 중요한 부재료다. 진하고 부드러운 맛을 낼뿐만 아니라, 그 이국적인 달콤한 향은 다른 향신료에 뒤지지 않을 만큼 강렬한 인상을 준다. 특히 남인도식 카레에는 빠질 수 없는 재료이기도 하다.
- 코코넛밀크는 통조림 제품을 사용해도 되지만, 양 조절을 하기가 어렵고, 제품마다 농도가 달라 이 책에서는 코코넛밀크 가루를 미지근한 물에 녹여 사용하는 방법을 추천한다.
- 코코넛밀크 가루 25g과 미온수 75g을 섞으면 코코넛밀크 100g을 만들 수 있다.

1

채소를 푹 삶는다. 【채소 삶기】 재료를 전부 냄비에 넣어 섞은 다음, 뚜껑을 덮어 중불에 올린다.

2

끓기 시작하면 불을 약불로 줄이고, 채소가 물러질 때까지 10분 정도 푹 익힌다.

> 채소가 물러졌을 때, 냄비 바닥에 물기가 조금 남아 있는 상태가 좋다. 수분이 너무 부족해 보일 때는 채소가 타지 않도록 물(분량 외)을 조금 넣는다.

3

다른 냄비의 무게를 잰 다음, 샐러드유와 겨자 씨를 넣고 중불에 올린다. 겨자 씨 주변에 작은 기포가 올라오기 시작하다가 잠시 후 겨자 씨가 톡톡 터지기 시작한다(기름 온도는 약 190℃).

4

기름 온도가 너무 올라가지 않도록(220℃ 이하를 유지) 불을 조절하면서 계속 가열한다.

5

겨자 씨가 터지는 소리가 요란해지면 소리가 잦아들기 전에 얼른 다음으로 넘어가 양파를 넣는다(겨자 씨의 템퍼링은 p.17을 참조).

6

양파를 잘 섞는다. 양파를 넣으면 기름 온도가 내려가 겨자 씨가 타는 것을 막을 수 있다.

7 양파를 그대로 중불~약불에서 10분 정도 볶는다. 이 카레는 소스를 끓이는 시간이 매우 짧으므로 이 단계에서 양파가 물러질 때까지 푹 익혀야 한다.

양파가 탈 것 같을 때는 물(분량 외)을 넣고, 그만큼 다시 수분을 날리면서 계속 볶는다.

8 GG 페이스트를 넣고, 중불에서 향이 올라올 때까지 빠르게 볶는다.

9 토마토를 넣고 더 볶는다.

10 토마토가 물러져서 페이스트 상태가 되면 A의 향신료와 소금을 넣는다.

11 재료가 골고루 섞여 표면에 기름기가 돌기 시작할 때까지 볶는다.

12 ❷의 채소를 삶은 국물까지 전부 넣는다. 카레의 총 중량을 300g에 맞춘다.

13 코코넛밀크도 붓는다.

14 끓어오르면 부글부글 끓지 않게 약하게 끓이면서 잘 섞는다. 완성된 카레의 총 중량은 400g이 적당하다.

토마토 크림 새우 카레

TOMATO CREAM PRAWN CURRY

순하고 진한 새우 카레다.

새우를 오래 끓이지 않는 만큼, 양파는 볶는 단계에서 물러질 때까지 충분히 익힐 필요가 있으므로 여기서는 전자레인지에 돌려 반쯤 익힌 후에 볶는다. 이렇게 한다고 해서 작업 시간이 크게 줄어드는 것은 아니지만, 비교적 적은 양의 양파를 볶을 때는 바닥에 눌어붙는 일이 적어 편리하다. '카레의 대표, 치킨 카레'를 레시피의 절반 분량만 만든다거나 할 때 응용할 수 있는 방법이다.

새우는 껍질이 붙은 새우를 사서 직접 껍질을 벗겨 사용하자. 소위 말하는 '깐 새우' 제품을 사용하면 편할 것 같지만, 깐 새우는 식감이(지나치게 탱글탱글해서) 부자연스러운 경우가 많을 뿐만 아니라 소스에 감칠맛이 우러나지 않아 인도 카레에는 어울리지 않는다.

단, 새우는 오래 익히면 퍽퍽해지므로 가열 시간을 최소화하는 것이 좋다. 새우의 등에 칼집을 내면 고르게 익힐 수 있다.

인도에서 새우 카레는 다른 동물성 재료가 들어가는 카레보다 향신료를 적게 사용하는데, 이 카레 역시 조금 독특하게도 커민 가루와 가람 마살라가 들어가지 않는다. 그런데도 맛이 충분히 우러나는 것은 새우라는 재료 자체의 힘과 토마토·생크림을 듬뿍 넣어 만든 진한 그레이비 덕분이다.

산미도 거의 없는 수준이다. 물론 매운맛은 입맛대로 조절해도 되니 재료표를 보고 원하는 만큼 카옌 페퍼를 뿌려 먹도록 하자.

재료(2인분)

- **B**
  - 양파(다지기) ·········· 120g
  - 물 ······················ 10g
  - 소금 ····················· 1g
- 새우(머리 없고 껍질 있는 것) ···· 100g
- **A**
  - 코리앤더 가루 ············ 2g
  - 강황 가루 ················ 1g
  - 파프리카 가루 ············ 1g
  - 흑후추 가루 ·············· 1g
  - 카옌 페퍼 ······ 취향껏(0~최대 1g)
  - 소금 ···················· 2g
- 샐러드유 ··················· 30g
- GG 페이스트(➡p.13) ········ 16g
- 토마토퓌레 ················ 100g
- 생크림 ···················· 100g
- 카수리 메티(생략 가능) ········ 한 자밤

식자재 memo

【새우】

- 인도에는 어패류를 거의 먹지 않는 지역도 있지만, 새우만은 예외적으로 많은 지역에서 즐겨 먹는다. 새우 카레는 다른 카레보다 들어가는 향신료의 가짓수가 비교적 적은 편이다.

1

Ⓐ의 양파, 물, 소금을 내열 용기에 담아 섞은 후, 500~700W의 전자레인지에 3분간 돌린다.

2

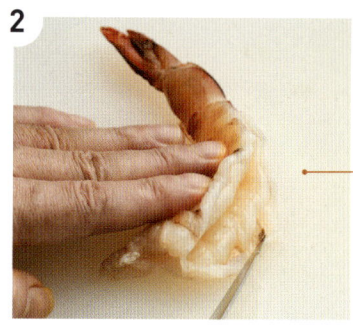

새우 껍질을 벗기고, 등에 칼집을 내어 내장을 제거해둔다.

> 새우 내장은 페티 나이프 끝으로 긁어내면 편하게 제거할 수 있다.

3

Ⓑ의 가루 향신료와 소금을 섞어 둔다.

4

냄비에 샐러드유와 ❶을 중불에 올려 볶는다.

5

기름기가 전체적으로 돌고 지글지글 소리가 나기 시작하면 뚜껑을 덮고 불을 약불로 줄인다.

6

그대로 15분간 푹 익힌다. 바닥에 눌어붙지 않도록 가끔 상태를 확인하며 젓는다. 양파가 눌어붙을 것 같을 때는 물(분량 외)을 조금 넣고, 그만큼의 수분을 날려 보내면서 더 볶는다.

7 양파가 물러지면 GG 페이스트를 넣고 중불에 볶는다.

8 GG 페이스트의 향이 올라오고, 표면에 기름기가 돌기 시작하면 ❸의 향신료와 소금을 첨가한다.

9 잘 섞으며 볶다가 표면에 다시 기름기가 돌면 토마토퓌레를 넣는다.

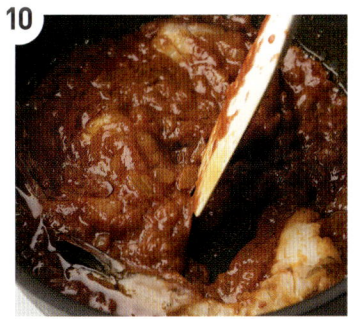

10 계속 저으면서 익히다가 전체적으로 부글부글 끓어오르면 ❷의 새우를 넣고, 부드럽게 섞으면서 새우를 익힌다.

11 새우가 말려 '시력검사표의 C' 같은 모양이 되면 거의 다 익은 것이므로 다음으로 넘어가자. 덜 익은 부분은 잔열로 완전히 익히면 된다.

12 생크림을 넣고, 카레가 부글부글 끓지 않게 주의하면서 약하게 끓인 다음, 카수리 메티를 취향껏 넣는다.

13 전체적으로 잘 섞은 다음, 잠시 후 불을 끈다.

Inada's Voice

그레이비(gravy)라는 단어는 원래 '육즙'을 의미하지만, 인도 요리에서는 고기로 국물을 내는 것과 상관없이 카레를 끓일 때 생기는 국물 부분, 바꾸어 말하면 주재료를 제외한 나머지 부분을 가리킨다. 이 레시피는 '토마토 그레이비'를 먼저 만든 다음, 여기에 새우를 넣어 빠르게 익히는 것이 관건이다. 새우 외에도 오징어나 흰살생선 등 담백한 어패류에 잘 어울린다. 어떤 어패류를 넣든 재료를 푹 익히지 않는 것이 카레를 맛있게 만드는 비결이다.

네팔식 포크 카레

NEPALESE STYLE PORK CURRY

네팔에서 일상적으로 먹는 묽은 수프 형태의 포크 카레다.

호로파 씨를 밤색이 될 때까지 오래 볶아 사용하는 것이 특징이다. 그 달콤하고 향긋한 냄새가 은은한 쓴맛과 함께 카레 맛에 깊이를 더한다. 이번 레시피에서는 호로파 씨를 먼저 볶다가 나중에 커민 씨를 첨가하는 '시간차 템퍼링' 기술도 익혀보자.

이 카레의 또 다른 특징은 'GG 페이스트를 나중에 넣는 점'이다. 마늘과 생강을 미리 볶지 않고 카레를 끓이는 중에, 심지어 듬뿍 넣는다. 즉, 카레의 향은 볶은 호로파 씨와 양파가 담당하고, 마늘과 생강의 자극적인 풍미를 최대한 신선한 상태로 살리는 것이다. 그렇기에 이 레시피에서는 GG 페이스트를 튜브 용기에 담긴 간 마늘·간 생강으로 대체할 수 없다. 튜브 제품은 어떻게 해도 끝에 불쾌한 풍미가 남고 만다.

이 카레를 밥과 함께 먹으면 밥이 술술 넘어간다. 바스마티 쌀처럼 길쭉길쭉한 쌀뿐만 아니라, 우리가 평소에 먹는 쌀과도 신기할 정도로 잘 어울린다. 현지에서는 수북한 밥에 카레를 조금씩 섞어서 먹는다. 그런 현지의 맛을 우리 입맛에 맞게 조절하는 방법도 만드는 법의 마지막 부분에 덧붙여 놓았다. 마치 진한 라면 국물처럼 약간 정크 푸드 같은 느낌으로 변하지만, 가끔은 그렇게 먹어보는 것도 괜찮지 않을까.

재료(4인분)

- ┌ 코리앤더 가루 ········· 4g
- │ 커민 가루 ··············· 4g
- │ 강황 가루 ··············· 4g
- │ 카옌 페퍼 ··············· 2g
- Ⓐ 파프리카 가루 ········· 2g
- │ 가람 마살라 ············ 4g
- │ 산초가루(가능하면 티무트 페퍼,
- │ 없으면 둘 다 생략 가능) ······ 2g
- └ 소금 ······················ 8g

- 샐러드유 ···················· 30g
- 호로파 씨 ···················· 1g
- 다카노쓰메 고추(세로로 반을 갈라 씨를 제거)
  ···························· 2개
- 커민 씨 ······················ 2g
- 양파(케랄라 썰기 ➡ p.11) ···· 120g
- 토마토(큼직하게 썰기) ········ 80g
- 돼지 목살(2.5cm 크기로 깍둑썰기)
  ···························· 400g
- 물 ···························· 350g
- GG 페이스트(➡ p.13) ········ 64g
- 고추(다지기) ················· 8g

1

Ⓐ의 가루 향신료와 소금을 섞어 둔다.

2

냄비의 무게를 잰 다음, 샐러드유와 호로파 씨를 넣고 중불에 올려 가열한다.

3

호로파 씨의 색이 조금씩 변하기 시작하면 다카노쓰메 고추를 넣는다.

> 두 가지 모두 마지막에 검게 그을려도 된다.

4

호로파 씨가 밤색으로 변하면 커민 씨를 넣는다. 기름 온도가 충분히 올라가 있어 커민 씨를 넣으면 바로 향이 올라오며 색이 변하기 시작한다.

Inada's Voice

마지막에 '그냥 먹으면 너무 짜겠지만, 밥이랑 같이 먹으면 술술 넘어가겠다 싶을' 정도로 짜게 간을 맞춘다. 입맛(혹은 개인의 가치관)에 따라 감칠맛을 내는 조미료(분량 외)를 최대 2g까지 첨가하면 더 현지에 가까운 맛을 느낄 수 있다.

5

커민 씨가 타 버리기 전에 양파를 넣고 볶는다.

6

양파의 색이 변할 때까지 볶은 다음, 토마토를 넣고 더 볶는다.

식자재 memo 【 호로파 씨 】

- 인도나 네팔에서는 메티(methi)라고 부른다. 네팔에서는 이 레시피처럼 일부러 검게 태워 사용하는 경우를 많이 볼 수 있으며, 호로파 씨의 달콤하고 향긋한 향이 독특한 효과를 낸다. 원래 쓴맛이 워낙 강한 향신료라서 태우는 한이 있더라도 쓴맛을 내지 않으려는 생각도 있는 듯하다.

7

토마토가 물러져서 페이스트 상태가 되면 ❶의 향신료와 소금을 첨가한다.

8

볶으면 표면에 기름기가 돌면서 향이 올라오기 시작한다.

9

돼지고기를 넣고 볶는다.

10

돼지고기의 표면이 익으면서 표면에 기름이 스며든 상태.

11

물과 GG 페이스트를 붓는다.

12

골고루 섞은 후, 끓어오르면 뚜껑을 덮고 약불에서 푹 끓인다.

13

30분 정도 끓여 고기가 야들야들해지면 중량을 확인한다.

14

카레의 무게가 800g이 되게 물의 양을 조절한다. 총 중량이 800g에 가까워지면 간을 본다.

> 이 카레는 최대한 짭짤하게 만들어야 맛있으므로 간을 보면서 소금(분량 외)을 최대 4g까지 더 넣는다.

15

간을 맞추었으면 고추를 넣고 숨이 죽을 정도만 살짝 끓여 마무리한다.

퀵 카레 2종
2 QUICK CURRY RECIPES

지금까지는 인도의 정통 방식대로 카레를 공들여 만드는 방법을 소개했다.

하지만 살다 보면 카레를 '후다닥' 혹은 '설렁설렁' 만들고 싶은 날도 있을 것이다!

실제로 인도에는 간단한 몇 가지 재료로 순식간에 만들 수 있는 카레가 셀 수 없이 많다. 다만, 그런 간단한 카레일수록 우리 눈에 카레처럼 보이지 않거나 호불호가 심하게 갈리는 문제가 있다.

그런 마니아들이 좋아할 법한 간단한 카레는 뒷장에서 조금 다루도록 하고, 이번에는 누구나 맛있게 느낄 만한 간단하면서도 대중적인 치킨 카레 두 가지를 엄선해 소개한다.

이렇게나 간단한데도 충분한 맛을 낼 수 있는 것은 향신료의 힘이자 인도 카레의 넓은 포용력 덕분이 아닐까. 간단한 만큼 약간의 변화를 주기만 해도 훨씬 맛있어지는 카레로, 지금까지 소개한 레시피로 기본기를 착실히 다진 분에게는 식은 죽 먹기라 할 수 있다.

정신없이 바쁜 날 간단한 식사로, 혹은 두 가지 이상의 카레를 준비하고 싶은 날에 두 번째, 세 번째 메뉴로 택한다면 좋을 것이다.

QUICK CURRY

퀵 스파이시 치킨 카레
QUICK SPICY CHICKEN CURRY

'후다닥 볶고 끓여서' 순식간에 만들었는데도 마치 정통 인도 카레의 느낌이 물씬 풍기는 매콤한 치킨 카레다. 이런 카레는 껍질이 있는 닭고기를 써도 상관없다. 슈퍼마켓에서 파는 '튀김용 닭다리살'을 사용하면 더욱 편하다.

재료(2인분)

- 닭다리살(껍질이 있어도 됨, 한입 크기로 썰기) ········· 160g
- 소금 ········· 4g
- GG 페이스트(➡ p.13) ········· 16g
- Ⓐ 코리앤더 가루 ········· 4g
- 커민 가루 ········· 2g
- 카옌 페퍼 ········· 1g
- 강황 가루 ········· 1g
- 가람 마살라 ········· 2g
- 샐러드유 ········· 15g
- 양파(케랄라 썰기 ➡ p.11) ········· 120g
- 토마토(큼직하게 썰기) ········· 80g
- 물 ········· 100g

1

Ⓐ의 재료를 섞어 버무려 둔다.

2

냄비의 무게를 잰 다음, 샐러드유와 양파를 넣고 중불에 올려 살짝 볶는다.

3

양파의 숨이 죽으면 ❶을 넣고 더 볶는다.

4

고기 표면의 색이 변하고, 향신료의 향이 올라오면 토마토와 물을 넣는다. 끓어오르면 뚜껑을 덮고 약불에서 10~15분간 끓인다(완성된 카레의 총 중량은 400g 정도).

QUICK CURRY

퀵 버터 치킨 카레
QUICK BUTTER CHICKEN CURRY

살짝 재웠다가 구운 닭고기를 토마토와 생크림을 넣은 소스에 가볍게 끓인 순하고 부드러운 카레다. 양파를 넣지 않아 재료를 볶지 않아도 되어 간편하다. 닭고기는 양념에 버무려 바로 구워도 되지만, 전날 미리 버무려 놓으면 더 좋다. 만 하루 동안 재워 놓아도 괜찮다.

재료(2인분)

- 닭가슴살(껍질을 벗기고, 칼을 눕혀 한입 크기로 어슷하게 썰기) ······ 160g
- 요구르트 ······ 30g
- Ⓐ GG 페이스트(➡ p.13) ······ 16g
- 소금 ······ 2g
- 강황 가루 ······ 1g
- 카옌 페퍼 ······ 0.3g(한 자밤)
- 가람 마살라 ······ 2g
- 버터 ······ 15g
- 토마토퓌레 ······ 100g
- 물 ······ 50g
- 설탕 ······ 10g
- 소금 ······ 2g
- 생크림 ······ 100g

1

Ⓐ의 재료를 섞어 버무린다.

2

냄비의 무게를 잰 다음, 버터를 넣고 가열한다. ❶의 닭고기 표면의 색이 변할 때까지 중불에서 볶는다.

3

토마토퓌레, 물, 설탕, 소금을 넣고 잘 섞는다. 끓어오르면 뚜껑을 덮고 약불에서 10분간 끓인다. 카레의 총 중량이 300g을 조금 넘게 조절한다.

4

생크림을 붓고, 살짝 끓인다.

제 **2** 장

좀 더 전문적인!
인도 각지의 카레

LOCAL
INDIAN CURRY

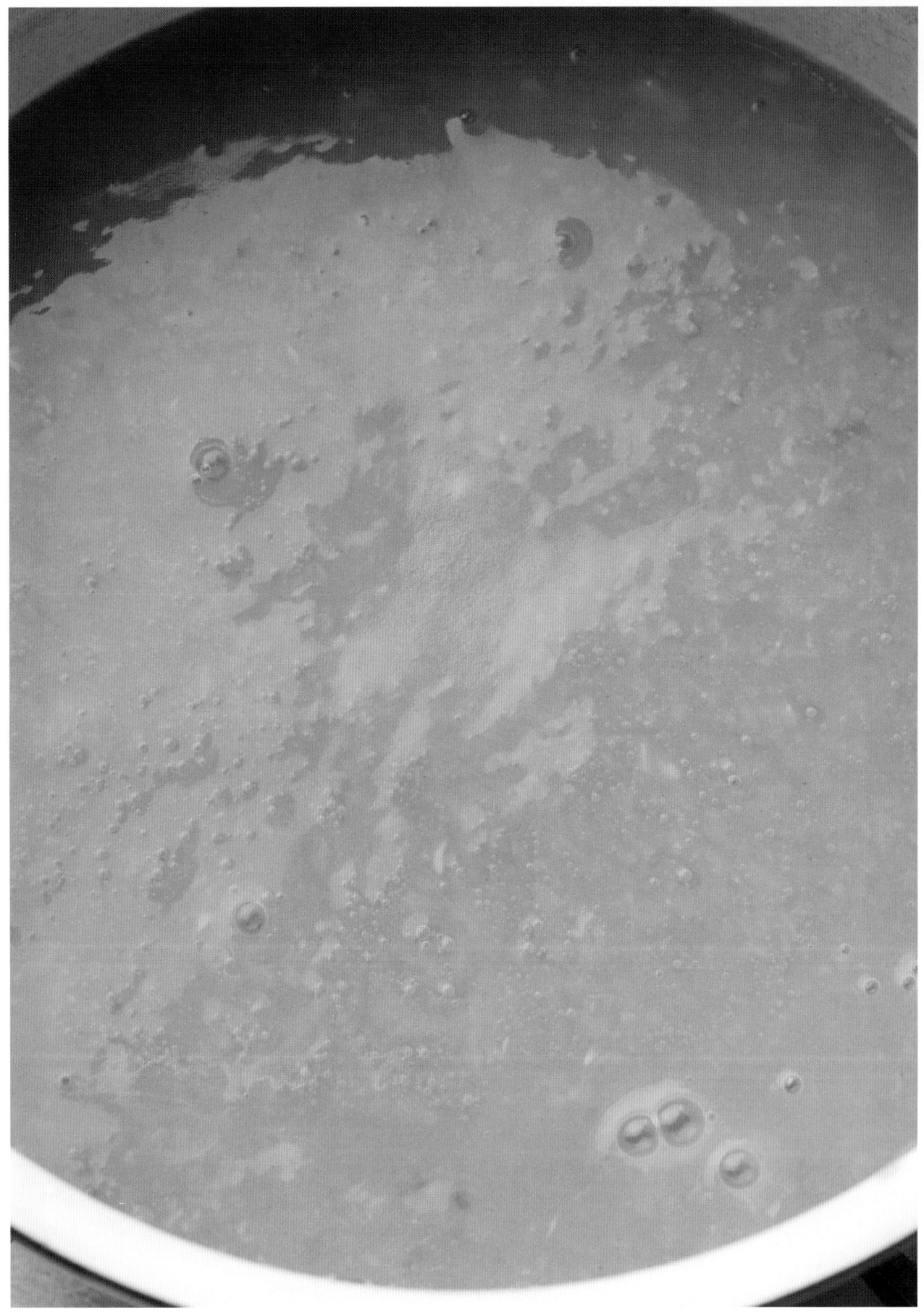

달 베이스
DAL BASE

인도 카레에 대한 일반적인 이미지의 중심에는 치킨 카레나 키마 카레처럼 고기가 들어간 카레가 자리하고 있을지 모르지만, 인도에서는 동물성 재료를 넣지 않는 채식 요리가 압도적으로 많다. 이는 인도가 채식주의자가 많은 나라라는 점도 한몫하지만, 채식주의자가 아닌 사람도 고기 요리를 일주일에 한 번 정도밖에 먹지 않는 경우가 흔할 정도로 채식 요리가 식생활의 중심을 이루고 있기 때문이다.

그런 채식 요리의 중심을 차지하고 있는 것이 바로 단백질이 풍부하고 값도 저렴한 '콩'이다. 물론 인도에서도 병아리콩이나 강낭콩을 그대로 먹기도 하지만, 녹두나 렌틸콩 같은 작은 콩을 굵게 갈아 만든 '달'을 요리에 주로 사용한다. 달은 재료의 명칭인 동시에 이를 사용해 만든 요리를 지칭하기도 한다. '달'을 포타주처럼 부드럽게 끓여 살짝 간한 '달'은 인도인들이 매일 먹는 음식으로, 비유하자면 '된장국' 같은 존재다. 그리고 된장국처럼 각 지방이나 가정마다 들어가는 재료가 다르다.

여기서는 먼저 그런 다양한 달의 기본이 되는 '달 베이스'를 만드는 법을 소개한다.

MAKE DAL BASE

달 베이스는 만드는 법

재료(4~8인분·총 중량 800g)

뭉 달(또는 마수르 달* 아니면 둘을 혼합)	160g
물	1000g 이상
마늘(으깨기)	24g
강황 가루	2g
소금	6g

식자재 memo

【 뭉 달(moong dal) 】
- 녹두를 반으로 쪼개어 껍질을 벗긴 것으로, 인도의 모든 지방에서 일상적으로 먹는 식자재다. 맛이나 향이 강하지 않고, 비교적 빨리 삶아진다.

1

뭉 달을 씻은 다음, 체에 건져 물기를 뺀다.

2

냄비의 무게를 잰 다음, ❶과 물을 넣고 중불에 올린다. 처음에는 바닥에 잘 눌어붙기 때문에 주걱으로 저으면서 끓인다.

3

물이 끓어오르면 거품을 걷어낸다.

> 이때 거품을 잘 걷어내야 나중에 끓어 넘치지 않는다.

4

마늘, 강황 가루, 소금을 첨가하고 뚜껑을 덮은 채로 약불에 45~60분간 푹 끓인다. 콩이 손끝으로 눌렀을 때 쉽게 으깨질 정도까지 삶는다.

5

물이 넘칠 것 같을 때는 뚜껑을 살짝 비스듬하게 덮은 상태로 끓인다. 수분이 너무 많이 줄어들지 않도록 중간에 물을 조금씩 넣으면서 총 중량을 800g이 조금 넘게 맞춘다.

6

뭉 달이 푹 익으면 거품기 등으로 저어서 포타주 상태를 만든다.

> 얼마만큼 으깨느냐에 따라 맛이 달라진다. 뭉 달에 아직 익숙하지 않은 사람은 되도록 부드럽게 만들어야 먹기 편하다.

---

* 마수르 달(masoor dal)은 껍질을 벗겨 붉은빛을 띠는 렌틸콩을 말한다. - 옮긴이

 달 베이스를 응용한 요리

달 타드카

DAL TADKA

달을 끓인 것에 템퍼링으로 최소한의 풍미를 더한 인도의 일상식이다. 단순하지만 그만큼 매일 먹어도 질리지 않는 깊은 맛이 있다.

차파티를 적셔 먹거나 밥에 살짝 뿌려 먹기도 하는, 그야말로 인도 요리의 기본이라 할 수 있다.

재료(1인분·사이드 디시로는 2인분)

달 베이스(➡p.62)	200g
물	30g
샐러드유	10g
커민 씨	1g
다카노쓰메 고추(세로로 반을 갈라 씨를 제거)	1개
양파(다지기)	30g
버터	5g

1

냄비에 달 베이스와 물을 넣고, 불에 올려 따뜻하게 데워 둔다. 프라이팬에 샐러드유, 커민 씨, 다카노쓰메 고추를 넣고 중불에 올린디(템피링).

2

커민 씨의 색이 조금 변하고 향이 올라오기 시작하면 양파와 버터를 넣는다.

3

빠르게 살짝 볶는다.

4

❶의 달이 담긴 냄비에 넣으면 완성이다.

 달 베이스를 응용한 요리

달 프라이
DAL FRY

'프라이'라고 하는 명칭 때문에 튀김 요리를 떠올릴 수 있지만, 원래 영어의 프라이(fry)는 일본에서 사용하는 '프라이'라는 표현보다 더 넓은 의미가 있다. 예를 들어, 달걀을 기름에 부쳐내는 달걀 프라이도 일본어로는 '메다마야키(目玉焼き)'라고 하지만, 영어로는 '프라이드 에그(fried egg)'라고 한다. 심지어 힝글리시(Hinglish)라 불리는 인도식 영어에서는 프라이의 의미가 더 넓어져서 볶거나 바짝 조리는 공정이 중요한 요리나 프라이팬 혹은 얕은 냄비로 만드는 요리는 얼핏 스튜 같아 보여도 프라이라고 부르는 경우가 있다.

이번에 소개하는 달 프라이는 달을 향신채나 향신료와 함께 푹 끓여 걸쭉하고 진한 맛을 낸다. 앞서 소개한 달 타드카보다 좀 더 '카레'의 이미지에 가까운 달이라 할 수 있다. 일본의 인도 요리 전문점에서 '콩 카레'라는 이름으로 나오는 요리는 대부분 이런 종류에 해당한다. 맛이 진해서 난과도 잘 어울린다.

재료(2인분)

- ┌ 커민 가루 ······················· 1g
- Ⓐ 카옌 페퍼 ······················ 0.5g
- └ 소금 ····························· 1g
- 샐러드유 ··························· 20g
- 커민 씨 ····························· 1g
- 다카노쓰메 고추(세로로 반을 갈라 씨를 제거)
  ·································· 1개
- 양파(다지기) ······················ 60g
- 꽈리고추(비스듬하게 작게 썰기) ···· 2개
- 고수(다지기, 줄기나 뿌리를 써도 된다)
  ·································· 5g
- 버터 ······························· 10g
- 토마토(큼직하게 썰기) ············ 80g
- 달 베이스(➡ p.62) ················ 300g

【 토핑 】

고수(다지기)·채 썬 생강
··· 각각 적당량

1

Ⓐ의 향신료와 소금을 섞어 둔다.

2

프라이팬에 샐러드유, 커민 씨, 다카노쓰메 고추를 넣고 중불에 올린다(템퍼링).

3

커민 씨의 색이 조금 변하고 향이 올라오기 시작하면 양파, 꽈리고추, 고수, 버터를 넣고 볶는다.

4

양파가 물러지고 색이 조금 변하면 토마토를 넣고 더 볶는다.

5

토마토가 익어서 물러진 상태.

6

❶의 향신료와 소금을 넣고, 향이 올라올 때까지 볶는다.

7

달 베이스를 붓는다.

8

골고루 섞으며 살짝 끓인다. 필요하면 물(분량 외)을 조금 부으면서 걸쭉하게 만든다. 접시에 옮겨 담고, 토핑을 올린다.

 달 베이스를 응용한 요리

뭉 달 라삼
MOONG DAL RASSAM

달을 마치 '다시마 육수'처럼 사용한 남인도 지방의 새콤하면서도 매콤한 수프다. 흑후추와 마늘의 강한 풍미와 타마린드의 새콤한 향미가 맛을 결정짓는다. 남인도 요리의 특징이 담긴 요리 중 하나로, 현지에서는 몸 상태가 좋지 않거나 식욕이 없을 때 먹는 일상적인 요리이기도 하다. 수프처럼 마시기도 하지만, 밥 위에 듬뿍 뿌려서 말아 먹는 것이 제대로 먹을 줄 아는 방법이라고 한다.

　남인도 지방에서는 '투르 달(Toor Dal)'이라고 부르는 비둘기 콩을 주로 사용하지만, 이 레시피에서는 뭉 달로 만든 달 베이스를 응용하는 방법을 소개한다. 만약 투르 달을 구할 수 있다면 기본적인 방법은 같으니 만들어보기 바란다. 끓이는 데에 시간이 조금 더 걸리지만, 조금 더 개성적인 풍미를 느낄 수 있다.

재료(2인분·사이드 디시로는 4인분)

- A
  - 흑후추 가루 ········· 4g
  - 커민 가루 ·········· 1g
  - 카옌 페퍼 ·········· 1g
  - 소금 ············ 4g

【 타마린드 액 】

- 타마린드 ··········· 10g
- 물 ·············· 100g

- 달 베이스(→p.62) ····· 100g
- 물 ·············· 100g
- 토마토(큼직하게 썰기) ···· 160g
- 고수(잘게 다지기) ······ 8g
- 샐러드유 ··········· 10g
- 겨자 씨 ············ 2g
- 다카노쓰메 고추(세로로 반을 갈라 씨를 제거) ············· 1개
- 카레 잎(생략 가능) ····· 한 자밤

1 ❹의 향신료와 소금을 섞어 둔다.

2 p.84를 참조해 타마린드 액을 만들어 둔다.

3 냄비에 달 베이스, 물, ❶, ❷를 넣어 섞은 다음, 중불에 올린다.

4 끓어오르면 토마토와 고수를 첨가하고, 뚜껑을 덮는다. 토마토가 푹 익어 뭉그러질 때까지 살짝 끓인다.

5 다 끓은 모습.

6 프라이팬에 샐러드유와 겨자 씨, 다카노쓰메 고추를 넣고, 중불에 올린다(템퍼링).

7 겨자 씨가 터지기 시작하면 카레 잎(생략 가능)을 넣는다.

8 바로 불을 끄고, ❺의 냄비에 붓는다.

알루 고비 마살라
ALOO GOBI MASALA

채소만으로 만드는 국물 없는 카레인 '사브지(Sabji)'는 달과 함께 인도의 대표적인 일상식이다. 사브지 중에서도 대표적인 요리 중 하나가 '알루 고비 마살라'다. 인도에서는 '알루 고비'라고 줄여 말하는 경우가 많은데, 이를 직역하면 '감자 콜리플라워'로, 정말 재료가 '그대로 들어간' 명칭이다.

감자와 콜리플라워 모두 담백해서 딱히 이렇다 할 특징이 없는 재료처럼 생각할 수 있지만, 알고 보면 그 자체가 풍부한 감칠맛을 지닌 매우 뛰어난 식자재. 향신료의 힘을 빌려 이들의 개성을 최대한 끌어낸 이 요리는 인도 채식 요리의 최고 걸작이라 해도 과언이 아니다. 식사의 주연과 조연 역할로 모두 잘 어울리는 요리니 여러분도 한번 레퍼토리에 추가해보기 바란다.

재료(2인분)

- **A**
  - 코리앤더 가루 ······ 1g
  - 커민 가루 ······ 1g
  - 강황 가루 ······ 1g
  - 카옌 페퍼 ······ 1g
  - 가람 마살라 ······ 약간(0.3g)
  - 소금 ······ 2g
- **B**
  - 감자(껍질을 벗겨 깍둑썰기) ······ 150g
  - 콜리플라워(먹기 좋은 크기로 썰기) ······ 120g
  - 그린 빈스(2cm 길이로 썰기) ······ 30g
  - 강황 가루 ······ 약간(0.3g)
  - 물 ······ 100g
  - 소금 ······ 2g
- 샐러드유 ······ 30g
- 커민 씨 ······ 1g
- 다카노쓰메 고추(세로로 반을 갈라 씨를 제거) ······ 1개
- **C**
  - 양파(케랄라 썰기 ➡ p.11) ······ 60g
  - GG 페이스트(➡ p.13) ······ 16g
- 토마토(큼직하게 썰기) ······ 80g

1

ⓐ의 향신료와 소금을 섞어 둔다. 냄비의 무게도 미리 재 둔다.

2

냄비에 ⓑ의 재료를 넣고 중불에 올린 후, 뚜껑을 덮는다. 재료가 조금 단단하게 익을 때까지 3분 정도 푹 익힌다.

3

프라이팬에 샐러드유, 커민 씨, 다카노쓰메 고추를 넣고 중불에 올린다(템퍼링). 커민 씨의 색이 조금 변하고, 향이 올라오기 시작하면 ⓒ를 붓고 볶는다.

4

양파가 익어서 반투명해지면 토마토를 넣고 더 볶는다.

5

토마토가 익어서 뭉그러지면 ❶을 넣고 볶는다.

6

향신료의 향이 올라오면 ❷를 국물까지 모두 붓고 골고루 섞은 다음, 뚜껑을 덮고 불을 약불로 줄인다.

> 수분이 부족할 때마다 물을 조금씩 넣는다.

7

채소가 푹 익으면 뚜껑을 열어 수분을 날아가도록 저어 가며 조린다.

8

채소는 조금 뭉개질 정도로 익어야 맛있다. 완성된 요리의 총 중량은 400g이다.

오크라를 넣은 타마린드 카레
TAMARIND CURRY WITH LADY FINGER

진한 산미를 중심으로 향신채와 향신료의 풍미를 쌓아 올린 맛은 인도 사람들이 특히 선호하는 맛 가운데 하나다.

  일본에 있는 인도 요리 전문점에서는 이런 스타일의 요리를 만나보기가 쉽지 않지만, 일본인에게 왠지 모르게 '할머니가 차려 주신 시골 밥상' 같은 묘한 그리움을 불러일으키는 맛이다. 콩과 식물인 호로파를 템퍼링한 다음, 푹 끓였을 때 올라오는 풍미는 어쩐지 된장이나 간장과 통하는 부분이 있다. 게다가 실제로 입에 넣는 순간, 타마린드의 새콤한 맛이 매실장아찌와 비슷하게 느껴지기도 한다.

  이런 스타일의 요리는 가지나 박과 채소의 열매로도 잘 만들 수 있다. 제철을 맞은 여름 채소가 가득한 무더운 시기에 특히나 추천할 만한 요리다.

재료(1인분·사이드 디시로는 2인분)

- A
  - 코리앤더 가루 ·················· 4g
  - 카옌 페퍼 ························· 1g
  - 강황 가루 ························· 1g
  - 소금 ································· 3g

【 타마린드 액 】
- 타마린드 ···························· 10g
- 물 ···································· 100g

- 오크라(1개를 2~3등분) ······ 1팩(약 60g)
- 샐러드유 ···························· 15g
- 겨자 씨 ······························ 1g
- 호로파 씨 ·················· 한 자밤(0.3g)
- 다카노쓰메 고추(세로로 반을 갈라 씨를 제거)
  ·· 1개

- B
  - 카레 잎(생략 가능) ·············· 한 자밤
  - 양파(케랄라 썰기 ➡ p.11) ········ 60g
  - GG 페이스트(➡ p.13) ············ 12g
  - 꽈리고추(비슷등하게 작게 썰기) ···· 1개
  - 고수(다지기, 줄기나 뿌리 사용 가능)
    ···································· 3g

- 토마토(큼직하게 썰기) ············ 80g

1
A를 섞어 둔다. p.84를 참조해 타마린드 액을 만들어 둔다.

2
샐러드유(분량 외)를 두른 프라이팬에 오크라를 굽는다. 기름을 조금 넉넉히 두르고, 갈색빛이 조금 돌 때까지 튀기듯이 바싹 구운 다음 건져 놓는다.

3
프라이팬에 샐러드유, 겨자 씨, 호로파 씨, 다카노쓰메 고추를 넣고 중불에 올린다(템퍼링).

> 샐러드유는 ❷에서 남은 기름을 사용해도 된다.

4
겨자 씨가 터지기 시작하면 B의 재료를 전부 넣고, 양파가 물러질 때까지 볶는다.

5
❶의 향신료와 소금을 첨가하고 더 볶는다.

6
수분이 적어 잘 볶이지 않으면 ❶의 타마린드 액의 일부를 조금 먼저 넣고 볶는다.

7
❶의 타마린드 액과 토마토를 넣는다.

8
토마토가 푹 익어 물러지기 시작하면 ❷의 오크라를 넣고 빠르게 익힌다.

아비알
AVIAL

남인도 지방을 대표하는 채식 카레 가운데 하나다. 만드는 방법은 비교적 간단하지만, 오히려 '맛을 보는 게' 쉽지 않을 수 있다. 일본인에게는 그야말로 미지의 맛이기 때문이다. 흔히 생각하는 카레와 전혀 다른 맛이 나는데, 만약 처음부터 순순히 맛있게 느낀다면 당신은 남인도 요리를 정말 좋아하는 사람이다.

  아비알은 남인도 지방의 향토 요리로, 지역에 따라 크게 두 종류로 나뉜다. 하나는 푹 삶은 채소를 향신료를 넣은 코코넛 페이스트에 깨 무침이나 두부무침처럼 버무리는 것이다. 다른 하나는 여기에 요구르트까지 넣어 조금 물기가 있게 만드는 것이다. 이번에 소개하는 레시피는 후자에 해당하지만, 일본에서는 생 코코넛 과육을 구하기가 쉽지 않아 코코넛밀크와 코코넛 분말을 섞어 맛을 재현해보았다.

재료(2인분)

- **A**
  - 각종 채소(감자, 당근, 오이, 그린 빈스 등을 비슷하게 막대 모양으로 썰기) ·············· 총 200g
  - 물 ·············· 50g
  - 소금 ·············· 2g
  - 강황 ·············· 약간(0.3g)

- **B**
  - 꽈리고추 ·············· 1개
  - 코코넛밀크 ·············· 80g
  - 코코넛 분말* ·············· 20g
  - 요구르트 ·············· 30g
  - 소금 ·············· 1g
  - 다카노쓰메 고추(세로로 반을 갈라 씨를 제거, 절반 길이로 썰기) ·············· 1개
  - 통흑후추 ·············· 1g
  - 커민 씨 ·············· 약간(0.3g)

- 샐러드유 ·············· 10g
- 겨자 씨 ·············· 2g
- 카레 잎(생략 가능) ·············· 한 자밤

---

* 코코넛 과육은 입자 크기에 따라 작은 것부터 파인(fine), 미디엄(medium), 롱(long)으로 나뉜다. 코코넛 분말이라고 해도 일반적인 가루보다는 입자가 큰 편이다. - 옮긴이

1 ❹의 재료를 냄비에 넣고, 뚜껑을 덮어 약불에 올려 푹 끓여 둔다.

2 다 끓인 모습.

3 ❻의 재료를 믹서에 넣고 간다.

> 겨자 씨가 갈려 매운맛과 향이 올라온다.

4 ❷에 ❸을 넣는다.

5 부글부글 끓어오르지 않도록 데운다.

> 끓어오르면 요구르트가 분리되니 주의하자.

6 프라이팬에 샐러드유, 겨자 씨를 넣고 중불에 올린다.

7 겨자 씨가 터지기 시작하면 카레 잎(생략 가능)을 넣고 바로 불을 끈다.

8 곧바로 ❺의 냄비에 부어 잘 섞는다.

케랄라식 치킨 카레
KERALA STYLE CHICKEN CURRY

코코넛밀크를 넣어 만드는 이국적인 치킨 카레. 남인도나 스리랑카에서는 이런 스타일의 카레를 즐겨 먹는다. 이 레시피는 후추 같은 향신료나 코코넛을 재배하는 것으로 유명한 케랄라 지방의 레시피다. 바다를 사이에 두고 인근에 스리랑카도 자리해 있다.

   그렇기에 지역적인 특색이 매우 강한 요리지만, 감칠맛과 진한 카레의 맛이 느껴지는 치킨 카레는 역시 일본인의 입맛에도 잘 맞는지 요즘은 여러 곳에서 이런 스타일의 카레를 맛볼 수 있으며, 정통 인도 카레를 표방하는 레토르트 카레의 대표적인 상품이기도 하다.

   사람에 따라서는 태국식 카레에 가깝다는 느낌을 받을 수도 있다. 진한 향신료의 풍미를 코코넛밀크가 부드럽게 감싸 균형 잡힌 맛을 낸다.

재료(2인분)

- A
  - 뼈 있는 닭다리살(큼직하게 썰기, 껍질은 벗기기 쉬운 부분만 제거) ········ 200g
  - 코리앤더 가루 ···························· 4g
  - 커민 가루 ·································· 1g
  - 카옌 페퍼 ·································· 1g
  - 강황 가루 ·································· 1g
  - 흑후추 가루 ······························ 1g
  - 스위트 가람 마살라(➡ 하단 참조. 없으면 일반 가람 마살라로 대체) ····· 2g
  - 레몬즙 ······································ 10g
  - GG 페이스트(➡ p.13) ············ 16g
  - 소금 ·· 4g

- 샐러드유 ······································ 15g
- 겨자 씨 ·· 1g
- 다카노쓰메 고추(세로로 반을 갈라 씨를 제거)
  ··· 1개

- B
  - 카레 잎(생략 가능) ············ 한 자밤
  - 양파(케랄라 썰기 ➡ p.11) ············ 60g
  - 꽈리고추(비스듬하게 작게 썰기) ··· 2개
  - 고수(다지기, 줄기나 뿌리 사용 가능)
    ··· 5g

- 물 ·· 100g
- 토마토(큼직하게 썰기) ················ 40g
- 코코넛밀크 ·································· 80g

스위트 가람 마살라

재료(만들기 쉬운 분량)

- 시나몬 스틱 ································ 6g
- 통클로브 ···································· 5g
- 펜넬 씨 ······································ 5g
- 통흑후추 ···································· 3g
- 통카다몬 ···································· 1g

p.15를 참조해 재료를 구운 다음, 믹서로 갈아 가루를 낸다. 이 레시피에서는 스위트 가람 마살라를 2g 사용한다.

1

Ⓐ의 재료를 섞어 버무려 둔다.

2
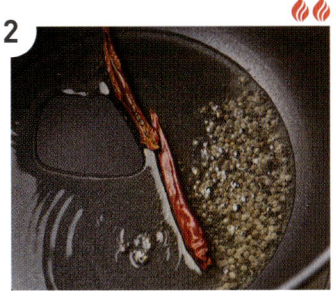
냄비의 무게를 재 둔다. 샐러드유, 겨자 씨, 다카노쓰메 고추를 넣고, 중불에 올린다(템퍼링).

3

겨자 씨가 터지기 시작하면 Ⓑ의 재료를 넣고 볶는다.

4

양파가 익어 투명해지면 ❶을 넣고 더 볶는다.

5

고기 표면의 색이 달라지면 물과 토마토를 넣는다.

6

국물이 끓어오르면 뚜껑을 덮은 채로 약불에 30분간 푹 끓인다.

7

다 끓은 모습.

8

카레의 총 중량이 350g 정도가 되게 물의 양을 조절한 다음, 코코넛밀크를 넣고 잘 섞어 살짝 끓인다.

고아식 포크 빈달루
GOAN PORK VINDALOO

이것도 지역적인 특색이 매우 강한 독특한 카레지만, 의외로 입맛에 잘 맞는다. 빈달루는 원래 고기를 식초에 재웠다가 익히는 포르투갈의 요리 '카르느 드 비냐달류스(carne de vinha-d'alhos)'가 식민지였던 인도 고아 지방에 전해진 후, 인도인의 입맛에 맞게 향신료가 첨가된 형태로 변형된 요리다. 그러한 탄생 배경 때문인지 친숙한 '유럽풍 카레'의 느낌도 있어서 매콤하면서도 새콤달콤한 맛에 빠져들게 된다.

 밥이 술술 들어가는 카레의 대표 격이라 할 수 있는 맛인데, 현지에서는 고아 브레드라고 부르는 둥근 빵을 함께 먹는다. 고아는 인도의 여러 지방 중에서도 서양 식문화의 영향을 많이 받은 지역으로, 이곳에서 먹는 고아 브레드 또한 소프트 캉파뉴라 불리는 서양의 빵과 똑같이 생겼다.

재료(4인분)

- 삼겹살(블록) ·············· 400g
- ┌ GG 페이스트(➡p.13) ····· 32g
- │ 파프리카 가루 ············ 6g
- │ 카옌 페퍼 ················ 2g
- │ 코리앤더 가루 ············ 2g
- │ 커민 가루 ················ 2g
- Ⓐ 강황 가루 ················ 2g
- │ 흑후추 가루 ·············· 2g
- │ 스위트 가람 마살라(➡p.75) ·· 4g
- │ 식초 ···················· 40g
- │ 소금 ···················· 8g
- └ 설탕 ···················· 8g
- 샐러드유 ·················· 30g
- 물 ······················· 200g
- 양파(반달 모양으로 썰기) ···· 200g
- 토마토(반달 모양으로 썰기) ·· 100g
- 마늘(으깨기) ··············· 16g

1
돼지고기는 여덟 조각으로 잘라 Ⓐ의 재료를 섞은 '빈달루 페이스트'에 재운다(냉장실에 넣어 최소 3시간, 가능하면 만 이틀 넘게 재운다).

2
냄비의 무게를 잰 다음, 샐러드유와 ❶을 국물까지 모두 넣는다. 중불에 올려 볶는다.

3
고기 표면의 색이 달라지면 물을 붓는다.

4
고기 사이사이에 양파와 토마토, 마늘을 채워 넣고, 끓어오르면 뚜껑을 덮은 채로 1시간 동안 뭉근하게 끓인다.

> 압력솥을 이용할 때는 압력추가 돌기 시작하면 불을 줄이고 20분간 가열한 다음, 실온에서 그대로 식힌다.

5
푹 익은 모습. 뚜껑을 열고, 필요하면 더 졸여서 빈달루의 총 중량을 900g에 조금 못 미치게 맞춘다.

6
고기는 뭉개지지 않게 따로 빼 둔다.

7

> 믹서가 없을 때는 거품기로 저어 어느 정도 부드러워지기만 해도 된다.

그레이비가 한 김 식으면 믹서로 간 다음, 다시 냄비에 담는다.

> 불을 끄고 잠시 뜸을 들인다.

8
냄비를 불에 올리고 그레이비를 끓인 다음, ❻의 고기를 다시 넣어 살짝 끓인다. 완성된 빈달루의 총 중량은 800g이다.

하이데라바드식 샬감 비프
HYDERABADI SHALGHAM BEEF

하이데라바드는 남인도 내륙부에 위치한 도시로, 예로부터 번성한 곳이다. 인도 각지에는 무슬림이 많이 거주하는 지역이 있는데, 하이데라바드도 그런 지역 중 하나다. 무슬림과 힌두교도가 자연스레 융화되어 살아가는 이 도시의 풍경은 매일 종교 전쟁 뉴스를 접하는 요즘 상황에서 사뭇 감동적이기까지 하다. 이러한 무슬림 타운의 요리는 국경과 지역을 초월하는 공통분모가 있어서 무슬림 국가인 파키스탄에서도 비슷한 요리를 즐겨 먹는다.

   이 레시피는 매우 간단하지만, 큼지막한 소고기와 순무에 진하게 졸인 그레이비가 배어서 소박하면서도 강력한 맛을 낸다. 순무는 색과 형태를 남길 필요가 없고, 오히려 반쯤 뭉개져 소스와 어우러져야 더 맛있으므로 푹 익을 때까지 조리도록 하자.

재료(2인분)

- Ⓐ
  - 소고기(깍둑썰기) ······················ 200g
  - 요구르트 ······························· 30g
  - 코리앤더 가루 ·························· 2g
  - 커민 가루 ······························ 2g
  - 강황 가루 ······························ 1g
  - 카옌 페퍼 ······························ 1g
  - 가람 마살라 ···························· 2g
  - 카수리 메티(생략 가능)
    ································· 한 자밤(0.3g)
  - 소금 ··································· 4g
- 순무 ······························ 150g(약 2개)
- 샐러드유 ································ 30g
- 양파(섬유질과 수직 방향으로 얇게 썰기)
  ··· 60g
- Ⓑ
  - GG 페이스트(➡ p.13) ················ 16g
  - 월계수 잎 ······························ 1장
  - 꽈리고추(비스듬하게 작게 썰기) ···· 2개
  - 토마토(큼직하게 썰기) ··············· 60g
- 물 ····································· 100g

1

Ⓐ의 재료를 모두 섞어 버무려 둔다. 냉장실에 만 하루 동안 재워 두면 더 좋다.

2

순무는 뿌리와 무청 부분을 나눈 다음, 뿌리는 반달 모양으로 썰고, 무청은 일부분을 작게 썰어 총 중량을 150g 정도로 맞추어 둔다.

3

냄비의 무게를 먼저 잰 다음, 샐러드유와 양파를 넣어 중불에 올린다. 온도가 올라가면서 지글지글 소리가 나기 시작하면 약불로 줄이고 튀기듯이 서서히 굽는다(프라이드 어니언).

4

양파가 갈색으로 변하면 Ⓑ의 재료를 넣고, 중불에서 볶는다.

5

토마토가 익어서 뭉개지기 시작하면 ❶을 넣고 볶는다.

6

고기 표면의 색이 변하면 물을 붓는다. 물이 끓어오르면 뚜껑을 덮고 약불에 약 20분간 푹 끓인다. 사진은 다 끓은 모습.

7

고기가 어느 정도 야들야들해지면 ❷의 순무를 넣고, 뚜껑을 덮고 약불에 10분간 끓인다.

8

순무가 푹 익으면 총 중량이 400g을 조금 넘도록 물의 양을 조절해 완성한다.

타밀식 연어 민 푸투
TAMIL STYLE SALMON MEEN PUTTU

다진 생선살을 매콤하게 볶은 생선 카레다. 쉽게 말하면 '생선으로 만든 키마 카레' 또는 '소보로'* 라고 할 수 있다. 도시락 반찬으로 만들어도 전혀 위화감이 들지 않는 맛이다.

들어가는 향신료는 가짓수도, 양도 적어서 오히려 향신채의 풍미가 맛을 결정짓는데, 템퍼링에 사용하는 펜넬 씨가 오돌오돌하게 씹히면서 향을 더해 존재감을 발휘한다.

본고장인 타밀 지방에서는 일반적으로 상어 고기를 사용한다. 상어 고기에는 암모니아가 들었는데, 생선살을 다져서 볶는 과정에서 암모니아의 아린 냄새를 완전히 날려 버릴 수 있어 매우 합리적인 요리이기도 하다. 악상어 같은 상어 고기를 구할 수 있는 지역에 사는 분은 한번 만들어서 현지와 비슷한 맛을 느껴보기 바란다. 물론 상어 외에도 방어나 고등어 같은 다양한 생선을 대신 사용할 수도 있다.

재료(2인분)

- 순살 연어 … 160g
- A
  - 강황 가루 … 1g
  - 카옌 페퍼 … 1g
  - 흑후추 가루 … 2g
  - 소금 … 3g
- 샐러드유 … 30g
- 겨자 씨 … 2g
- 다카노쓰메 고추(세로로 반을 갈라 씨를 제거) … 1개
- 펜넬 씨 … 2g
- B
  - 카레 잎(생략 가능) … 한 자밤
  - 마늘(다지기) … 5g
  - 양파(다지기) … 120g
- 꽈리고추(비스듬하게 작게 썰기) … 4개
- 고수(다지기) … 4g
- 레몬즙 … 8g

* 밥에 올려 먹도록 고기나 생선, 달걀 등을 볶은 음식. - 옮긴이

1

연어는 전자레인지에 돌린 다음, 한 김 식으면 잔가시와 껍질을 제거해 굵게 다져 둔다.

> 소금간이 살짝 되어 있는 연어를 사용해도 된다. 다만 이때는 A의 소금의 양을 1g으로 줄인다.

2

A의 향신료와 소금을 섞어 둔다.

3

프라이팬에 샐러드유, 겨자 씨, 다카노쓰메 고추를 넣고, 중불에 올린다(템퍼링).

4

겨자 씨가 터지기 시작하면 펜넬 씨를 넣는다.

5

겨자 씨가 거의 다 터지면 B의 재료를 넣고 볶는다.

6

양파가 다 익으면 꽈리고추를 넣고 볶는다.

7

❶과 ❷를 넣고 골고루 섞으면서 볶는다.

8

마무리로 고수와 레몬즙을 뿌린 다음, 가볍게 섞으면 완성이다.

케랄라식 결혼식용 생선 카레
KERALA STYLE FISH CURRY FOR WEDDING

산미와 향신료의 향이 독특한 카레인데, 어쩐지 '고등어 미소 된장 조림'이 생각나는 진한 맛이 난다. 이 레시피에서는 방어를 사용하지만, 고등어나 삼치 등 살이 단단하고 기름진 생선이라면 무엇이든 넣어도 된다. 정말 밥이 한없이 들어가는 맛이다.

인도에는 '이름도 없는 카레'가 수없이 많은데, 케랄라주의 옛 주도인 코치에서 요리를 잘하는 어느 가정주부에게 배운 이 카레도 그 가운데 하나다. 이건 무슨 카레냐고 묻자 옛날부터 그냥 생선 카레라고만 불렀다는 답이 돌아왔다.

인도의 카레는 기본적으로 만든 날 모두 먹어야 하지만, 이 카레는 다음 날에도 여전히 깊은 맛을 내어 결혼식처럼 사전에 준비할 사항이 많은 행사 때 자주 만드는 요리라고 한다. 그런 에피소드를 듣고 내 마음대로 이런 이름을 붙여보았다.

재료(2인분)

【 타마린드 액 】
- 타마린드 ······················ 10g
- 물 ································ 100g

Ⓐ
- 강황 가루 ······················ 1g
- 카옌 페퍼 ······················ 1g
- 파프리카 가루 ················ 3g
- 스위트 가람 마살라(➡ p.75) ··· 1g
- 소금 ····························· 2g
- 물 ································ 10g

- 샐러드유 ······················ 15g
- 겨자 씨 ························· 2g
- 호로파 씨 ······················ 1g
- 다카노쓰메 고추(세로로 반을 갈라 씨를 제거)
  ································ 2개

Ⓑ
- 카레 잎(생략 가능) ········· 한 자밤
- 양파(케랄라 썰기 ➡ p.11) ·· 30g
- GG 페이스트(➡ p.13) ····· 12g

- 설탕 ····························· 2g
- 방어 ······················ 2토막(160g)

1
p.84를 참조해서 타마린드 액을 만들어 둔다.

2
Ⓐ의 재료를 섞어 향신료 페이스트를 만들어 둔다.

3
냄비에 샐러드유, 겨자 씨, 호로파 씨, 다카노쓰메 고추를 넣고 중불에 올린다(템퍼링).

4
겨자 씨가 터지기 시작하면 Ⓑ를 넣고 볶는다.

5
양파가 익어서 투명해지면 ❷를 넣고 볶는다.

6
향신료의 향이 올라오면 ❶과 설탕을 넣고 끓인다.

7
보글보글 끓어오르면 방어를 넣는다.

> 살이 두툼하면 숟가락으로 그레이비를 가끔 끼얹는다.

8
오토시부타*를 얹고, 약불에 조린다. 생선이 다 익고, 국물이 걸쭉하게 졸아들면 완성이다.

---

* 落し蓋. 냄비의 지름보다 작은 뚜껑으로, 재료가 부서지는 것을 방지하고, 수면 위로 뜨지 않게 눌러 주는 장점이 있어서 조림 요리에 많이 쓰인다. - 옮긴이

MAKE DAL BASE

타마린드 액 만드는 법

타마린드는 카레에 진한 풍미와 산미를 부여하는데, 레몬즙 등과는 다르게 오래 가열해도 산미가 날아가지 않는 것이 특징이다.
카레에 넣을 때는 미지근한 물에 가루를 개어 액체(타마린드 액)의 형태로 첨가한다.

식자재 memo

【 타마린드 】
- 타마린드는 콩과 식물로, 열매를 건과일처럼 말려 사용하는데, 강한 신맛과 은은한 단맛을 함께 지녔다.

타마린드 액을 간단하게 만드는 법

재료(만들기 쉬운 분량)

타마린드	10g
물	100g

1

내열 볼에 재료를 넣고, 전자레인지(700W)에 1분간 돌려 불린다.

2

손가락으로 가루를 물에 갠다.

3

차 거름망으로 거른다.

4

차 거름망에 남은 타마린드 덩어리까지 손가락으로 으깨어 전부 물에 푼다.

5

타마린드 액이 완성되었다.

제 **3** 장

일반인은 모르는
전문가의 비법

레스토랑 스타일의 인도 카레

RESTAURANT-STYLE INDIAN CURRY

편리한 아이템
'어니언 그레이비'로
고급 레스토랑 스타일의
카레를 만들어보자!

어니언 그레이비는 '보일드 어니언 그레이비'라고도 불리는데, 주재료인 삶은 양파에 카레에 꼭 들어가는 향신채와 최소한의 향신료를 미리 섞어 만든 범용적인 베이스 소스다. 이 소스에 다른 재료와 향신료를 첨가하기만 해도 다양한 카레를 만들 수 있으며, 생크림이나 시금치 페이스트 같은 부재료를 섞으면 맛에 다양한 변화를 줄 수도 있다.

이처럼 간편하게 사용할 수 있는데다 한 번에 많은 양을 만들기도 쉬워서 일반적인 인도 요리 전문점에서 판매하는 카레 대부분에 이 소스가 베이스로 들어간다.

이 소스의 가장 큰 장점은 다음 두 가지다.

1
소스를 미리 만들어 저장해 두면 다양한 카레를 짧은 시간에 만들 수 있다

이는 레스토랑을 운영하는 데에 있어 매우 편리한 요소지만, 가정에서도 소스를 한 번에 많이 만들어 냉동 보관해 두면 나중에 요긴하게 쓸 수 있다.

2
누구나 좋아할 만한 진하고 고급스러운 맛의 카레를 만들 수 있다

어니언 그레이비는 부드러운데다 적당히 걸쭉하고 여기에 양파의 진한 단맛까지 들어가 있어 에스닉 요리가 익숙하지 않은 사람도 큰 거부감 없이 먹을 수 있는 '카레다운 카레'를 만들 수 있다.

다만, 자칫했다가는 만드는 카레의 맛이 죄다 비슷해질 수 있다는 단점도 있다. 그러므로 소스에 너무 의존하지는 말고, 부재료나 조리법에 변화를 주어 가며 개성적인 맛을 만들어가는 것이 중요하다. 이는 레스토랑에서나 가정에서나 모두 마찬가지다. 물론 이 책에서도 다양한 응용 레시피를 소개할 생각이다.

MAKE ONION GRAVY

어니언 그레이비 만드는 법

재료(카레 약 10끼 분량)

A
- 양파(껍질을 벗겨 4등분) ······ 1000g
- 물 ······ 1000g
- 소금 ······ 10g

샐러드유 ······ 100g

GG 페이스트(➡ p.13) ······ 80g
토마토퓌레 ······ 200g

B
- 강황 가루 ······ 5g
- 파프리카 가루 ······ 5g

1

냄비의 무게를 먼저 잰 다음, Ⓐ의 재료를 넣고 중불에 올린다.

2

부글부글 끓어오르면 그 상태를 유지하면서 양파를 삶는다. 양이 반으로 줄어들 때까지 졸인다고 생각하자. 필요한 경우 불의 세기를 조절하거나 적당량의 물(분량 외)을 더 붓는다.

> 양파의 자극적인 냄새가 날아가도록 뚜껑을 덮지 않는 것이 중요하다.

3

30분간 삶은 상태에서 다시 무게를 잰다. 무게가 1000g에 가까워졌다면 뚜껑을 덮고 약불로 줄인다. 만약 1000g을 크게 웃돈다면 뚜껑을 덮지 않고 그대로 계속 끓인다. 양파가 완전히 물러질 때까지 10분 이상 더 끓인다.

4

최종 무게가 1000g을 조금 넘으면 그대로 식힌다. 식히는 동안 무게가 조금 더 줄어들 것이다.

5

다른 냄비를 꺼내 먼저 무게를 잰다. 그런 다음, 샐러드유를 두르고 중불에 올려 GG 페이스트를 볶는다.

6

GG 페이스트의 자극적인 냄새가 날아가고 향긋한 냄새가 나기 시작하면 토마토퓌레, Ⓑ를 넣고 졸인다.

7

내용물이 300g 정도까지 졸면 일단 불을 끄고 작업을 멈춘다.

8 ❹가 식으면 국물까지 모두 믹서에 넣고 갈아 부드러운 페이스트 상태를 만든 다음, 다시 냄비에 붓는다.

> 믹서가 없을 때는 거품기로 꾹꾹 으깨어 섞어도 어느 정도 부드러워진다.

9 ❽에 ❼을 첨가하고 중불에 올린다. 골고루 섞어 한소끔 끓이면 완성이다. 완성된 소스의 중량은 보통 1200~1300g이다.

10 240~250g(약 두 끼 분량)씩 나누어 냉동실에 보관해 두면 필요할 때마다 꺼내어 쓸 수 있다.

어니언 그레이비의 기본 사용법

주재료 + **추가 향신료** + **어니언 그레이비** + **부재료**

고기 등을 볶거나 삶아 익힌다

기본적으로는 커민 가루, 가람 마살라, 카옌 페퍼, 세 가지가 들어간다

카레의 베이스가 된다

각종 페이스트나 유제품 등을 첨가해 맛에 변화를 준다

맵기 조절

카레 2인분 기준

이번 장에서 소개하는 레시피는 일본의 레스토랑처럼 맵기(=카옌 페퍼의 양)를 임의로 조절할 수 있게 했다. 기본적으로는 '매움'을 추천한다.

  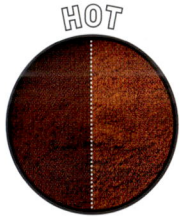 

MILD — **맵지 않음~약간 매움** — 카옌 페퍼 넣지 않음~한 자밤(0.2g)

MILD HOT — **중간 정도로 매움** — 카옌 페퍼 0.5g

HOT — **매움** — 카옌 페퍼 1g

VERY HOT — **아주 매움** — 카옌 페퍼 2g

셰프의 치킨 카레
CHEF'S CHICKEN CURRY

간단하면서도 인도 카레에 필요한 기본적인 기술을 모두 활용해 어니언 그레이비의 스펙을 최대한 끌어낸 완성도 높은 레시피다. 양파를 물러질 때까지 푹 익히는 카레의 필수 공정을 미리 완료했으므로 오래 끓여야만 얻을 수 있는 진하고 부드러운 맛을 단시간에 효율적으로 낼 수 있다. 게다가 많은 양의 양파가 들어가 자연스러운 단맛이 응축된 어니언 그레이비가 깊고 진한 맛을 낸다.

닭고기는 짧은 시간 안에 향신료의 향이 배고, 빨리 익도록 조금 작게 썬다. 양고기나 소고기 등 다른 육류로도 만들 수 있지만, 그 경우에는 공정 ❷의 끓이는 시간을 늘리도록 한다.

재료(2인분)

- 샐러드유 ··· 10g
- 통카다몬(깍지를 살짝 깨기, 생략 가능)
  ·· 2알
- 통클로브(생략 가능) ························ 2알
- 어니언 그레이비(➡p.88) ················ 40g
- Ⓐ 닭다리살(껍질을 벗기고, 16g 정도로 썰기)
  ··· 160g
- 커민 가루 ··· 2g
- 가람 마살라 ·· 2g
- 카옌 페퍼 ········ 0~2g(원하는 맵기로)
- 소금 ·· 2g
- 물 ·· 50g
- 어니언 그레이비(➡p.88) ·············· 200g
- 카수리 메티(생략 가능) ············ 한 자밤

1 냄비의 무게를 미리 재 둔다. Ⓐ의 재료를 넣고, 중불에 올려 볶는다.

2 고기 표면의 색이 변하고, 향신료의 향이 나기 시작하면 물을 붓는다. 물이 끓어오르면 뚜껑을 덮고 약불에 10분간 끓인다.

3 푹 끓은 모습. 내용물의 무게를 200g이 조금 넘게 맞춘다.

4 불을 중불로 놓고, 어니언 그레이비 200g을 첨가한다.

5 카수리 메티를 취향껏 넣는다.

6 향이 골고루 밸 정도로만 살짝 끓인다. 완성된 카레의 총량은 400g이 된다.

Inada's Voice

자신만의 '셰프의 치킨 카레'를 만들어보자!

인도 요리 전문점에서는 이런 기본적인 치킨 카레를 소위 간판 메뉴로 삼는 경우가 많다. 추가하는 향신료나 조리법에 약간의 변화만 주어도 카레에 개성이 부여되므로 셰프의 실력을 뽐낼 자리가 되기도 한다. 제2장까지 소개한 카레들을 이것저것 만들어 본 사람이라면 그런 소소한 차이들이 머릿속에 떠오를 것이다.

참고로 만약 내가 이런 스타일의 카레를 가게에 선보인다면 나는 여기에 흑후추를 첨가하고, 카수리 메티 대신 고수로 마무리할 것 같다.

마일드 포크 카레
MILD PORK CURRY

만드는 법은 매우 간단하다. 고기를 삶고, 다른 재료를 섞어 끓이기만 하면 된다. 이것은 일본에 서민적인 인도 식당에서도 가장 기본이 되는 조리법이다. 오히려 그런 맛을 최대한 비슷하게 낼 수 있도록 이 레시피에서는 간을 맞출 때 과립 콩소메를 사용해서 밖에서 파는 음식처럼 대중적인 맛으로 만들었다. 그러므로 여러분도 많이 먹어본 듯한 '그 맛'을 재현해 낼 수 있을 것이다. 당연히 돼지고기 대신 닭고기 등을 넣어 만들 수도 있다.

누구나 부담 없이 먹을 수 있도록 향신료의 향을 조금 줄였지만, 마지막에 채 썬 생강을 올리면 맛이 단숨에 화려하게 바뀐다. 물론 본인의 입맛에 맞게 향신료의 향을 늘려도 되지만, 가끔은 이런 부담 없고 편안한 맛을 즐겨보면 좋지 않을까.

재료(2인분)

- Ⓐ
  - 돼지고기(작게 16g으로 깍둑썰기) ······ 160g
  - 소금 ······ 1g
  - 물 ······ 100g
- 어니언 그레이비(➡ p.88) ······ 240g
- Ⓑ (섞기)
  - 커민 가루 ······ 2g
  - 가람 마살라 ······ 1g
  - 카옌 페퍼 ······ 0~2g(원하는 맵기로)
- 과립 콩소메 ······ 2g
- 생강(채썰기) ······ 취향껏

1
냄비의 무게를 먼저 잰 다음, Ⓐ의 재료를 넣고 중불에 올린다.

2
끓어오르면 거품을 걷어내고, 뚜껑을 덮어 고기가 부드러워질 때까지 약불에서 20~30분간 푹 삶는다.

3
다 삶아진 모습. 내용물의 중량을 200g 정도로 맞춘다.

4
불을 중불로 놓고, 어니언 그레이비를 붓는다.

5
Ⓑ와 과립 콩소메도 첨가한다.

6
중량이 400g이 될 때까지 살짝 끓인다. 그릇에 옮겨 담고, 채 썬 생강을 토핑으로 올린다.

Inada's Voice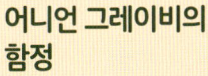

어니언 그레이비의 함정

만드는 법이 이렇게나 간단한데도 카레가 맛있게 만들어지는 이유는 물론 우수한 어니언 그레이비 덕분이다. 하지만 치킨 카레든, 채소 카레든, 키마 카레든 전부 이런 식으로 만들어 버리면 카레라는 요리가 참 시시해질 것이다. 그러니 꼭 필요한 순간에만 이 방법으로 카레를 만들자.

크리미 키마 카레
CREAMY KEEMA CURRY

맵지 않게 만들면 어린이와 함께 먹을 수 있는 매우 부드럽고 부담 없는 키마 카레다. 생크림 대신 요구르트나 우유를 넣으면 좀 더 깔끔한 맛이 난다. 이때 버터를 조금 첨가하면 더 맛있다.

전통 키마 카레보다 들어가는 고기의 양이 훨씬 적어 건더기보다 오히려 소스가 중심인 카레지만, 어니언 그레이비 그 자체가 완성된 맛을 지니고 있어 적은 양의 고기만으로도 감칠맛과 깊은 맛이 충분히 난다.

다진 고기를 사용하므로 짧은 시간 안에 만들 수 있다는 점 또한 매력적이다. 좋아하는 빵이나 익힌 채소를 곁들여 휴일 브런치로 즐기기에 안성맞춤이지 않을까.

재료(2인분)

- A
  - 다진 닭고기 ·················· 160g
  - 물 ······························ 50g
  - 소금 ···························· 2g
- 어니언 그레이비(➡ p.88) ········ 240g
- B (섞기)
  - 커민 가루 ······················ 2g
  - 가람 마살라 ···················· 2g
  - 카옌 페퍼 ······· 0~2g(원하는 맵기로)
- 생크림 ···························· 30g

1
냄비의 무게를 잰 다음, Ⓐ의 재료를 넣고 중불에 올린다.

2
다진 닭고기를 풀어주면서 익혀 중량을 160g에 맞춘다.

3
어니언 그레이비를 붓는다.

4
Ⓑ도 첨가한다.

5
중량이 400g에 조금 못 미칠 때까지 살짝 끓인다.

6
생크림을 붓고, 골고루 잘 저은 다음 불을 끈다.

믹스 채소 카레
MIXED VEGETABLE CURRY

육류나 어패류를 넣지 않고 식물성 재료(와 유제품)만으로 만드는 '베지 카레'는 인도에서는 오히려 주류에 속하지만, 감칠맛과 깊은 맛이 조금 부족하다고 느끼는 사람이 많을 것이다(물론 사람마다 다르겠지만). 하지만 이 카레라면 그런 걱정을 거의 하지 않아도 된다. 어니언 그레이비에 들어가는 토마토나 양파뿐만 아니라, 건더기로 들어가는 다른 채소도 모두 채소 중에서도 감칠맛이 풍부한 것들만 썼고, 그런 채소의 맛이 진하게 응축된 것이 바로 이 카레이기 때문이다. 또 여기에 들어가는 커민 또한 이러한 감칠맛을 돋보이게 하는 역할을 한다.

생크림 대신 요구르트를 넣으면 진한 맛이 조금 줄어들지만, 그만큼 산뜻한 맛이 나서 개인적으로 추천한다.

재료(2인분)

- Ⓐ
  - 각종 채소(감자, 콜리플라워, 당근, 그린 빈스 등을 한입 크기로 썰기) ····· 총 160g
  - 물 ····· 50g
  - 소금 ····· 2g
- 어니언 그레이비(➡p.88) ····· 240g
- Ⓑ (섞기)
  - 커민 가루 ····· 2g
  - 가람 마살라 ····· 1g
  - 흑후추 가루 ····· 1g
  - 카옌 페퍼 ····· 0~2g(원하는 맵기로)
- 카수리 메티(생략 가능) ····· 한 자밤
- 생크림 ····· 30g

1
냄비의 무게를 잰 다음, Ⓐ의 재료를 넣고 뚜껑을 덮은 채로 약불에 올린다.

2
채소가 익을 때까지 10분 정도 푹 삶은 다음, 내용물의 중량을 160g에 맞춘다.

3
불을 중불에 놓고, 어니언 그레이비를 붓는다.

4
Ⓑ도 첨가한 다음, 중량이 400g에 조금 못 미칠 때까지 살짝 끓인다.

5
카수리 메티와 생크림을 취향껏 넣는다.

6
살 저은 다음, 불을 끈다.

치킨 잘프레지
CHICKEN JALFREZI

잘프레지는 건더기를 듬뿍 넣어 볶은 다음, 국물을 넣어 끓이는 카레다. 이번에 소개하는 레시피는 채소볶음을 만든다는 느낌으로 손쉽게 만들 수 있다.

어니언 그레이비를 원하는 만큼 넣으면 되므로 어니언 그레이비가 애매하게 남았을 때 만들기 딱 좋다.

카레에 들어가는 닭고기나 채소를 다른 재료로 일부 대체해도 상관없어 냉장고에 남은 재료를 활용하기도 좋다. 도시락 반찬으로도 잘 어울린다.

재료(2~3인분)

샐러드유	30g
커민 씨	2g
닭다리살(작게 썰기)	160g
양파(케랄라 썰기 ➡ p.11)	120g
피망(가늘게 썰기)	60g
토마토케첩	30g
A (섞기) 커민 가루	2g
카옌 페퍼	0~2g(원하는 맵기로)
가람 마살라	2g
소금	4g
어니언 그레이비(➡ p.88)	120g
(원하는 만큼 최대 240g까지 넣어도 된다)	

1. 샐러드유와 커민 씨를 중불에 올린다 (템퍼링).

2. 닭고기를 넣고 볶는다.

3. 고기의 색이 변하면 양파와 피망을 넣고 다시 볶는다.

4. 토마토케첩과 A를 첨가하고 더 볶는다.

5. 향신료의 향이 올라오기 시작하면 어니언 그레이비를 붓는다.

> 여기서는 120g을 사용했다. 양을 늘리면 더 국물이 많아진다.

6. 살짝 볶으면서 섞는다. 그릇에 옮겨 담고, 채 썬 생강, 토마토, 고수(각 분량 외)를 취향껏 토핑으로 올린다.

궁중식 새끼양고기 코르마
COURTLY LAMB KORMA

새끼양고기를 양념에 재워 오랫동안 뭉근하게 끓인 카레다. 양념에 코코넛밀크 파우더를 넣는 점이 조금 독특하지만, 그 덕분에 풍미가 더 진하고 풍부해진다. 코코넛밀크의 단맛과 요구르트의 신맛이 조화를 이루어 깊은 맛을 낸다. 또 통째 넣는 네 가지 향신료의 조합도 화려한 맛을 연출한다.

앞서 소개한 레시피에서는 카레를 간편하게 만들기 위해 어니언 그레이비를 사용했지만, 여기서는 카레에 고급스럽고 깊은 풍미를 내고자 어니언 그레이비의 부드럽게 응축된 맛을 이용했다. 생각보다 손이 많이 가고 시간도 걸리지만, 손님 접대용 음식으로 잘 어울리는 카레다.

새끼양고기 대신 소고기를 사용해도 맛있다.

재료(2인분)

A
- 새끼양고기(깍둑썰기) ········· 200g
- 요구르트 ······················· 30g
- 코코넛밀크 파우더 ············ 10g
- 코리앤더 가루 ··················· 2g
- 커민 가루 ························ 2g
- 카옌 페퍼 ········· 0~2g(원하는 맵기로)
- 가람 마살라 ······················ 2g
- 소금 ······························ 2g

B
- 샐러드유 ························· 10g
- 통카다몬 ·························· 2알
- 통클로브 ·························· 2알
- 시나몬 스틱 ····················· 2cm
- 월계수 잎 ························ 1장

- 물 ··························· 200g 이상
- 어니언 그레이비(→p.88) ······ 240g
- 고수(다지기) ······················ 2g

1 **A**의 재료를 전부 섞어 고기를 재운다. 최소 1시간, 가능하면 냉장실에 만 하루 동안 재우는 것이 좋다.

2 냄비의 무게를 잰 다음, **B**의 재료를 넣고 중불에 올린다.

3 향신료의 향이 올라오면 ❶을 넣고 볶는다.

4 고기 표면의 색이 변하고 기름기가 돌기 시작하면 물을 붓는다.

5 물이 끓어오르면 뚜껑을 덮고, 고기가 야들야들해질 때까지 약불에 40~60분간 푹 끓인다.

6 고기가 계속 물에 잠겨 있을 수 있도록 물의 양을 조절한다.

7 불을 중불로 올리고, 어니언 그레이비를 붓는다. 무게가 400g이 조금 넘도록 수분을 날리면서 푹 끓인다.

8 마지막으로 다진 고수를 넣는다. 그릇에 옮겨 담은 후, 채 썬 생강(분량 외)을 취향껏 토핑으로 올린다.

비프 도 피아자
BEEF DO PIAZA

'도 피아자'는 직역하면 '양파 두 배'라는 뜻이다. 즉, 이 카레는 그레이비와 건더기에 모두 양파를 사용하는 카레라는 뜻이다. 카레에 건더기로 들어가는 양파는 씹는 맛이 있도록 아삭한 식감을 어느 정도 살려 둔다.

이 밖에도 건더기로 넣는 양송이버섯은 어니언 그레이비와 특히 잘 어울리는 재료다. 다른 카레에도 양송이버섯을 첨가해 맛에 변화를 주어보자.

소고기는 빨리 익도록 얇게 썬 고기를 사용한다. 유럽이나 미국의 인도 레스토랑에서는 얇게 썬 고기를 '파산다(Pasanda)'라고 부르며, 파산다를 넣어 만든 파산다 카레 또한 대표적인 카레 중 하나다. 이 레시피는 소고기 대신 다른 고기를 사용해도 된다.

재료(2~3인분)

샐러드유	20g
소고기(구이용이나 자투리 고기를 얇게 썰기)	160g
양파(섬유질과 수직 방향으로 얇게 썰기)	80g
양송이버섯(얇게 썰기)	40g
A (섞기) 소금	3g
커민 가루	4g
카옌 페퍼	0~2g(원하는 맵기로)
가람 마살라	2g
어니언 그레이비(➡p.88)	240g

1. 냄비에 샐러드유를 둘러 달군 후, 중불에서 소고기를 볶는다.

2. 고기 색이 변하면 양파, 양송이버섯을 넣어 살짝 볶는다.

3. 전체적으로 기름기가 돌면 뚜껑을 덮고 약불에서 5분간 푹 익힌다.

> 눌어붙을 것 같을 때는 물(분량 외)을 조금 붓는다.

4. 양파가 푹 익은 상태.

5. A를 넣고 향이 올라올 때까지 살짝 볶는다.

6. 어니언 그레이비를 붓고, 골고루 저으면서 중불에 살짝 끓인다.

시금치 치즈 카레

SPINACH CURRY WITH CHEESE

인도 요리 전문점에서 '팔락 파니르(Palak Paneer)' 또는 '사그 파니르(Saag Paneer)'라 불리는 카레다. 웜 샐러드처럼 즐길 수 있는 건강한 채식 요리로, 빵과도 잘 어울린다.

원래는 파닐이라는 인도식 생치즈가 들어가지만, 일본에서는 구하기 힘들어 모차렐라치즈를 대신 사용했다. 맛은 파닐 못지않다.

시금치 퓌레와 어니언 그레이비 등을 섞어 만든 '팔락 그레이비'는 어니언 그레이비를 응용한 베이스 소스 중 하나로, 이 카레의 기본적인 맛을 낸다. 이 소스로 닭고기를 버무리면 '팔락 치킨(사그 치킨)'이 된다. 양고기와도 잘 어울린다. 일반적으로는 냉동 시금치 퓌레를 많이 사용하지만, 신선한 생시금치를 넣으면 역시 차원이 다른 맛을 느낄 수 있다.

재료(2~3인분)

【 팔락 그레이비 】

- 시금치(큼직하게 썰기) ········ 200g(한 단)
- 어니언 그레이비(➡ p.88) ········ 240g
- 소금 ································· 2g
- 카수리 메티 ······················· 1g

- 버터 ································ 30g
- 다진 마늘 ························· 10g
- ┌ 커민 가루 ······················ 4g (섞기) A
- └ 가람 마살라 ···················· 2g

- 모차렐라치즈 ····················· 100g
- 생강(채썰기) ····················· 적당량
- 방울토마토(반으로 자르기) ······ 적당량

1

시금치를 물에 담가 흙을 털어낸다. 끓는 물에 2분 정도 데친 다음, 다시 물로 헹군 후 체로 건진다.

2

물기를 살짝 짠 다음, 무게를 200g에 맞춘다.

> 감칠맛이 빠져나가지 않게 살짝만 짜야 나중에 페이스트 상태로 만들기 쉽다.

3

믹서로 갈아 페이스트 상태를 만든다.

4

❸과 어니언 그레이비, 소금, 카수리 메티를 섞는다(이것이 팔락 그레이비다).

5

버터와 마늘을 약불에 올린다.

6

마늘이 노릇노릇해지기 시작하면 불을 끄고 바로 A를 넣는다.

7

눌어붙지 않도록 저으면서 잔열로 익힌다.

8

❹의 팔락 그레이비를 붓고, 중불에서 잘 저으면서 한소끔 끓인다. 그릇에 옮겨 담고, 모차렐라치즈와 채 썬 생강, 방울토마토를 토핑으로 올린다.

시푸드 카레
SEAFOOD CURRY

어니언 그레이비를 응용한 '토마토 그레이비'를 베이스로 한 카레다. 새콤달콤한 감칠맛이 진하게 전해지는 베이스 소스이므로 향신료를 많이 넣지 않아도 재료 본연의 맛이 잘 살아나는 카레가 된다. 토마토 그레이비는 어패류뿐만 아니라 채소나 닭고기 등과도 잘 어울린다.

이 카레에서는 새우와 가리비를 버터에 구운 후 토마토 그레이비에 넣는데, 구울 때나 소스에 버무릴 때 너무 오래 익히지 않도록 주의하자.

일반적인 인도 요리 전문점에서는 이런 종류의 카레에 냉동 해물 믹스를 사용하는 경우가 많다. 냉동 해물 믹스를 사용하면 당연히 이 레시피와 같은 맛은 나지 않겠지만, 이미 맛이 완성된 토마토 그레이비가 들어가는 만큼 제법 괜찮은 카레가 만들어질 것이다. 간편하게 만들 수 있다는 점에서는 나쁘지 않은 선택이다.

재료(2~3인분)

【 토마토 그레이비 】
어니언 그레이비(➡ p.88) ········ 240g
소금 ································· 2g
토마토퓌레 ························ 100g
생크림 ······························ 40g

A ┌ 커민 가루 ······················ 2g
　├ 카옌 페퍼 ········ 0~2g(원하는 맵기로)
　├ 가람 마살라 ···················· 2g
　└ 카수리 메티(생략 가능) ········ 1g

버터 ································· 20g
새우(껍질 벗기기) ················ 60g
가리비 관자(크면 먹기 좋은 크기로 썰기)
······································· 60g

Ⓐ의 향신료를 섞어 둔다.

냄비에 토마토 그레이비 재료를 넣고 잘 섞은 다음, 중불에 올린다.

❷에 ❶의 향신료를 넣고, 한 번 끓인 다음, 불을 끈다.

프라이팬에 버터를 넣고 중불에 녹인 다음, 새우와 가리비 관자를 살짝 굽는다.

❸에 ❹를 구울 때 생긴 국물까지 전부 넣는다.

잘 섞어 중불에 올린 다음, 끓어오르면 바로바로 불을 끈다.

인도 레스토랑 요리와 어니언 그레이비의 진가

오늘날 전 세계로 퍼져나간 인도 요리 레스토랑의 요리 스타일과 기법은 근대 이후에 갑작스레 생겨난 것으로, 주로 외국인이 이용하는 호텔 레스토랑에서 제공한 요리에서 비롯되었다. 그러니 당연히 전통 인도 요리와는 다소 동떨어질 수밖에 없다. 하지만 이들은 그와 동시에 다른 문화권에 속한 사람들도 쉽게 받아들일 수 있는 매력을 갖추게 되었다. 이러한 인도 요리를 나는 '인도 레스토랑 요리'라 부른다.

어니언 그레이비를 다양하게 활용하는 기법도 이러한 과정에서 '발명'되었다.

이러한 인도 레스토랑 요리를 일본에서는 두 가지 관점에서 바라본다.

많은 이들에게 이런 인도 레스토랑 요리는 간편하고 먹기 쉬워 인도 카레에 친근감을 느끼게 해 주는 존재다. 하지만 인도 요리를 유난히 좋아하는 '마니아층'은 이러한 요리들을 '전통 인도 요리가 지닌 역동성을 잃어버린 시시한 요리'로 바라본다.

이런 마니아층의 불만에 부응하듯 일본에서도 최근에는 도심을 중심으로 일부 레스토랑에서 인도 현지에 가야 맛볼 수 있는 전통 인도 요리를 선보이며 인기를 끌고 있다. 그런 레스토랑들은 남인도 지방 요리나 벵골 지방 요리 등 특정 지방의 향토 요리를 내세우고 있는데, 내가 오픈한 '에릭 사우스'도 그런 레스토랑 중 한 곳이다.

그런 내가 이런 말을 하는 것도 좀 그렇지만, '인도 레스토랑 요리'는 결코 간편하기만 한 요리도, 시시한 요리도 아니다. 물론 일본 국내 상황은 조금 특수하기는 하다. 그런 인도 레스토랑의 점포 수가 1990년대 이후에 전국적으로 급증하면서 이와 반비례하듯 메뉴가 간소화·획일화된 경향이 있기 때문이다. 하지만 원래 인도 레스토랑 요리는 그야말로 '세기의 대발명'이다. 인도 요리를 누구나 쉽게 즐길 수 있는 세계적인 위치에 올려놓은 계기가 되었으며, 여전히 많은 가능성을 내포하고 있다.

내가 이번 장을 모두 어니언 그레이비를 소개하는 데에 할애한 이유는 이 기법으로 대표되는 인도 레스토랑 요리를 다시 연구해보고 싶은 마음이 있기 때문이기도 하다.

물론 그 근간에는 이런 종류의 카레도 '제대로 만들면 정말 맛있다'라는 엄연한 사실이 자리하고 있다. 그러니 일단 한번 만들어보자. 길거리의 어느 인도 요리 전문점에서 먹어본 듯한 익숙한 맛이 아니라, 그것을 뛰어넘는 맛을 느끼게 될 것이다.

제 **4** 장

인도 요리 알라카르트

INDIAN CUISINE A LA CARTE

타밀식 치킨 비리아니
TAMIL STYLE CHICKEN BIRYANI
만드는 법은 p.112

비리아니에 대해

비리아니는 쌀에 고기와 향신료를 넣어 밥을 짓는 인도의 별미로, 과거에는 결혼식처럼 특별한 날에만 먹을 수 있는 고급 요리였다. 고기의 감칠맛과 향신료의 향이 듬뿍 밴 바스마티 쌀의 맛은 정말 각별하다. 지역에 따라 다양한 재료가 들어가는데, 여기서는 가장 대표적인 두 가지를 소개한다.

하이데라바드식 새끼양고기 비리아니
HYDERABADI LAMB BIRYANI
만드는 법은 p.114

타밀식 치킨 비리아니
TAMIL STYLE CHICKEN BIRYANI

먼저 뼈 있는 닭고기로 카레 비슷한 것을 만든 다음, 여기에 바스마티 쌀을 넣고 물을 부어 밥을 짓는다. 생선이나 고기, 채소 등을 넣어 짓는 영양밥과 조금 비슷하지만, 들어가는 고기와 향신료의 양이 훨씬 많아 굳이 따지자면 스페인 요리인 파에야에 더 가깝다.

    이런 식으로 짓는 비리아니는 인도 각지에 향토 요리로 존재하는데, 남인도 타밀 지방의 비리아니는 카레와 비슷한 친숙한 맛을 기본으로 한다. 고기와 향신채의 감칠맛이 밥에 골고루 배어 있으므로 비리아니 중에서도 우리 입맛에 특히 잘 맞지 않을까 싶은 생각이 든다. 만드는 법이 비교적 간단한 편이라 쉽게 만들 수 있어 인도 요리 중에 가장 먼저 도전해보기 좋다.

재료(2인분)

바스마티 쌀	150g
┌ 닭봉	250g
│ 요구르트	30g
│ GG 페이스트(➡ p.13)	32g
│ 소금	4g
Ⓐ 커민 가루	2g
│ 코리앤더 가루	2g
│ 강황 가루	2g
│ 카옌 페퍼	1g
└ 가람 마살라	2g
샐러드유	20g
양파(케랄라 썰기 ➡ p.11)	80g
토마토퓌레	50g
물	200g
소금	3g
고수(다지기)	8g
민트(손으로 찢기)	4g
버터	20g

1

바스마티 쌀을 20분간 물에 불렸다가 체로 건져 물기를 빼 둔다.

2

Ⓐ의 재료를 모두 섞어 닭봉을 재워 둔다(15분~가능하면 냉장실에 만 하루).

3

냄비의 무게를 먼저 잰다. 냄비에 샐러드유와 양파를 넣고, 양파가 갈색으로 변할 때까지 약불에 볶는다.

> 일반적인 프라이드 어니언보다 더 색이 진하게 나올 때까지 볶는다.

4

❷의 닭봉을 재워 두었던 양념까지 전부 넣고 중불에서 익힌다.

5

닭고기 표면이 익으면 토마토퓌레를 넣고 섞는다. 뚜껑을 덮고 약불에서 10분간 푹 끓인다.

6

물과 소금을 넣고 불을 중불로 올린 다음, 끓어오르면(이때 내용물의 무게를 550g에 맞춘다) 고수, 민트, ❶의 바스마티 쌀을 넣는다.

7

골고루 잘 섞으면서 강불에 끓이다가 다시 끓어오르면 2분 정도 그대로 저으면서 부글부글 끓인다.

8

버터를 올리고 뚜껑을 덮은 다음, 불을 약불로 줄여 그대로 10분간 익힌다. 불을 끄고 15분간 뜸을 들인다.

> 완성된 요리의 무게는 700g이 된다.

하이데라바드식 새끼양고기 비리아니
HYDERABADI LAMB BIRYANI

인도에는 '비리아니의 성지'라 불리는 도시가 몇 군데 있는데, 하이데라바드가 그 대표적인 곳 중 하나다. 비리아니로 유명한 도시의 공통점은 바로 무슬림이 많이 사는 오래된 도시라는 점이다. 즉, 원래 무슬림의 요리인 비리아니의 본고장이라는 뜻이다.

이 지역의 비리아니는 주로 덤 푸크트(dum pukht)라는 조리법으로 만든다. 이는 향신료와 고기, 향신채를 섞은 것(이것도 '마살라'라고 부른다)과 푹 익지 않게 미리 한 번 삶은 쌀을 층층이 쌓은 다음, 김이 빠져나가지 않게 밀봉한 상태에서 찌는 방법이다. 이 방법으로 비리아니를 만들면 밥이 더 보들보들하게 지어진다. 또 쌀이 마살라와 접하는 부분은 진한 맛이 나는 반면, 그렇지 않은 부분은 향만 배어서 맛의 대조를 이루므로 한 요리 안에서 다양한 맛의 변화를 즐길 수 있다.

재료(2인분)

【 프라이드 어니언 】
샐러드유	40g
양파(섬유질과 수직 방향으로 얇게 썰기)	80g

【 마살라(새끼양고기 카레) 】
	새끼양고기	300g
	요구르트	60g
	GG 페이스트(➡ p.13)	32g
	코리앤더 가루	2g
Ⓐ	커민 가루	2g
	카옌 페퍼	2g
	강황 가루	2g
	수제 가람 마살라(➡ p.15)	4g
	소금	4g

토마토퓌레	50g
물	200g

[바스마티 쌀 미리 삶기]
바스마티 쌀	150g
물(불리는 용도)	500g
물(삶는 용도)	1000g
소금	15g
통카다몬	2알
통클로브	2알
통흑후추	4알
월계수 잎	2장
시나몬 스틱	1/2개

[마무리]
고수(나시기)	8g
민트	4g

강황 물
강황 가루	약간
물	15g
(푼기)

버터	20g

1

【 프라이드 어니언 】
샐러드유와 양파를 약불에 올리고 서서히 온도를 올리면서 양파가 다갈색을 띨 때까지 볶은 다음, 체에 걸러 둔다.

> 잔열에 양파가 더 익어 색이 진해지므로 조금 일찍 건진다.

2

【 마살라 】
Ⓐ의 재료를 섞어 재운다(가능하면 전날에 미리 버무려 냉장실에 넣어 둔다).

3

냄비의 무게를 먼저 잰 다음, ❶에서 거른 기름 30g을 넣고 중불에서 ❷를 굽는다.

4

고기 표면이 익으면 토마토퓌레를 넣고 더 볶는다.

5

고기가 충분히 익으면 기름이 표면에 스며 나온다.

6

물을 더 부은 다음, 끓어오르면 뚜껑을 덮은 채로 약불에 30분간 푹 끓여 내용물의 최종 무게가 400g이 되게 한다.

> 400g에 미치지 못하면 물을 더 붓고, 400g이 넘으면 더 끓여서 졸인다.

▶p.116에 이어짐

HYDERABADI LAMB BIRYANI

【 바스마티 쌀 미리 삶기 】
바스마티 쌀을 20분 이상 물에 불린 후에 건져 물기를 뺀다. 다른 냄비에 다른 나머지 재료를 넣고 강불에 끓인 다음, 쌀을 붓는다.

6분간 삶는다. 이때 물이 끓어올라 쌀이 사방으로 퍼지기 시작하면 불을 중불로 줄인다. 쌀을 체에 건져 물기를 빼 둔다.

【 마무리 】
❻이 다 끓은 상태.

❾의 냄비에 ❶의 프라이드 어니언, 고수, 민트를 골고루 뿌린다.

❽의 바스마티 쌀을 향신료를 빼지 않고 그대로 그 위에 담는다.

강황 물을 두른다.

버터를 군데군데 올린다.

뚜껑을 덮고 중불에 올린 다음, 증기가 올라오기 시작하면 약불에서 15분간 뭉근하게 익힌다.

불을 끄고 10분간 뜸을 들이면 완성이다.

HOW TO — SERVE BIRYANI

비리아니 담는 법

타밀식 치킨 비리아니

완성된 비리아니를 바로 섞어 버리면 쌀알이 뭉개지기 쉬우므로 뜸을 들이고 나서 한 김 식으면 그때 섞는다. 바닥에서부터 살살 퍼 올리듯이 섞어서 수증기를 날려 보내면서 밥알 사이에 공기를 집어넣는다는 느낌으로 푼다.

비리아니가 완성되면(**a**), 주걱으로 바닥에서부터 골고루 섞은 다음(**b**), 접시에 담는다. 여기서는 민트, 캐슈너트, 건포도를 토핑으로 올렸다.

하이데라바드식 새끼양고기 비리아니

재료를 층층이 쌓아 생긴 그러데이션이 그대로 유지되게 담아야 맛도 좋고 보기에도 좋다. 층이 최대한 무너지지 않게 주걱을 바닥까지 넣어 푸는 것이 좋다. '티라미수'를 뜰 때와 비슷한 요령으로 하면 된다.

하이데라바드식 비리아니는 타밀식 비리아니처럼 밥을 섞지 않는다. 층이 무너지지 않도록 주걱을 냄비 바닥까지 찔러넣어 비리아니를 떠서 접시에 옮겨 담는다(**a**, **b**). 이 과정을 반복한 다음(**c**), 마지막에 흰밥을 떠서 얹으면(**d**, **e**) 완성이다.

> 인도에서는 고기가 보이지 않게 담는 게 원칙이다. 고기가 보이면 이웃의 질투를 받기 때문이라는 설이 있는데……. 그렇다고 고기가 하나도 보이지 않으면 밋밋하니 살짝 보이게 담자. 여기서는 레몬, 고수, 적양파를 곁들였다.

쌀에 대해

맛있는 카레는 어떤 밥과도 잘 어울리지만, 인도 카레에는 기왕이면 인도풍 쌀을 곁들이는 게 좋지 않을까. 여기서는 인도의 최고급 향미(향기 나는 쌀)인 '바스마티 쌀'과 카레와 잘 어울리게 일반 쌀로 밥짓는 방법을 몇 가지 소개하려고 한다. 손님 접대용으로도 제격이다.

바스마티 쌀

BASMATI RICE

바스마티 쌀은 향긋한 냄새와 가벼운 식감으로 인기를 끌고 있다. 그러한 바스마티 쌀의 특징을 최대한 살려 밥을 짓는 전통적인 방법을 소개한다. 쌀을 넉넉한 양의 뜨거운 물에 한 번 삶은 다음, 물기를 빼고 찌는 것이다. 잘 지으면 쌀이 길게 늘어나 밥알이 보들보들하고 깃털처럼 가벼워진다.

재료(2인분)

바스마티 쌀	200g
물	1000g
소금	5g
샐러드유	5g

1

바스마티 쌀은 넉넉한 물(분량 외)에 20분간 불린 후, 체에 건져 물기를 빼 둔다.

2

냄비에 물, 소금, 샐러드유를 넣고 강불에 올린다. 물이 끓어오르면 ❶의 바스마티 쌀을 넣는다.

3

처음에는 살살 저으며 섞는다.

4

8분간 삶는다. 이때 물이 끓어오르면서 쌀알이 사방으로 퍼지기 시작하면 불을 중불로 줄인다. 체로 쌀을 건지고 물을 버린다.

5

바스마티 쌀을 그대로 뜨거운 냄비에 다시 넣고 뚜껑을 덮은 채로 5분 넘게 뜸을 들인다.

카레용 만능 밥

ALL-PURPOSE RICE FOR CURRY

바스마티 쌀과 일반 쌀의 흡수율 차이를 이용하면 전기밥솥의 눈금에 맞추어 물을 넣어도 밥이 딱 알맞게 지어진다. 인도 카레뿐만 아니라 다른 카레와도 잘 어울린다.

재료(2~3인분)

바스마티 쌀	150g
일반 쌀	150g
물	전기밥솥의 2합* 눈금까지
샐러드유	5g

만드는 법

모든 재료를 전기밥솥의 내솥에 넣고 잘 섞은 다음, 일반 취사 모드로 밥을 짓는다(a, b).

* 合, 1합은 약 180ml. - 옮긴이

강황 밥

TURMERIC RICE

인도의 전통적인 밥이 아니라, 근대에 어느 레스토랑에서 개발한 아이디어가 전파되어 널리 퍼진 것이다. 물의 양을 줄이고 버터를 넣어 밥이 포슬포슬하게 지어지며, 선명한 노란색을 띠는 점 또한 매력이다.

재료(2~3인분)

일반 쌀	300g
강황 가루	0.5g(1/4작은술)
소금	1g(1/5작은술)
버터	10g(2작은술)
월계수 잎(생략 가능)	1장
물	일반적으로 넣는 양의 80~90%

만드는 법

모든 재료를 전기밥솥의 내솥에 넣고 (a), 일반 취사 모드로 밥을 짓는다.

페퍼 커민 밥

PEPPER CUMIN RICE

'카레용 만능 밥'에서 한 단계 발전한 밥으로, 향신료와 버터를 소량 첨가해 풍미를 살렸다. 카레와 잘 어울리는데다 그냥 먹어도 맛있다.

재료(2~3인분)

바스마티 쌀	150g
일반 쌀	150g
물	전기밥솥의 2합 눈금까지
소금	3g
커민 씨	1g
흑후추 가루	1g
버터	10g

만드는 법

모든 재료를 전기밥솥의 내솥에 넣고 (a), 일반 취사 모드로 밥을 짓는다.

차파티·난에 대해

쌀만큼이나 인도에서 중요한 주식으로, 주로 밀로 만든 빵 종류다. 특히 인도 북부에서는 쌀보다 밀이 더 중요한 존재다. 여기서는 그 대표 격이라 할 수 있는 차파티와 난을 소개한다.

참고로 인도에는 서양식 빵을 즐겨 먹는 지역도 있다. 바게트나 캉파뉴 같은 식사용 빵도 인도 카레와 잘 어울린다.

CHAPATI

NAAN

차파티
CHAPATI

차파티는 전립분으로 만든 얇은 빵으로, 인도 전역의 많은 가정에서 일상적으로 먹는다. 주로 레스토랑에서 먹거나 전문점에서 사는 난과 달리 인도인들이 집에서나 밖에서나 가장 즐겨 먹는 빵이라 할 수 있다. 차파티는 기본적으로 전립분과 물 그리고 소금만으로 만든다. 발효를 시키지 않는 빵이지만, 잘 구우면 반죽의 일부가 부풀면서 향긋한 풍미와 폭신폭신한 식감을 느낄 수 있다. 프랑스의 바게트처럼 매우 담백한 빵이지만, 그만큼 밀 본연의 풍미를 그대로 느낄 수 있어 매일 먹어도 질리지 않는다. 차파티는 어떤 카레와도 잘 어울린다. 담백한 빵이니만큼 반죽에 넣는 물의 양이나 반죽 법, 굽는 법이 조금만 달라져도 맛이 상당히 차이 난다. 이것만큼은 여러 번 만들어보면서 스스로 요령을 터득하는 수밖에 없다.

재료(2인분·4장)

전립분 ······················· 200g
소금 ························· 3g
물 ·························· 140g

1 볼에 모든 재료를 넣고, 물기가 잘 퍼지게 전체적으로 섞는다.

여기서는 국산 밀을 사용했다.

2 반죽이 부드러워지면 한 덩어리로 뭉쳐질 때까지 반죽한다.

3 반죽을 4등분해서 둥글게 빚은 다음, 랩을 씌워 상온에 30분 이상 둔다.

4 반죽을 손으로 살짝 눌러 평평하게 한다.

5 밀대로 얇고 둥글게 민다.

6 샐러드유(분량 외)를 얇게 두른 프라이팬이나 핫플레이트에 반죽을 놓고 중불에 올린 다음, 살짝 노릇노릇해질 때까지 한쪽 면을 굽는다.

7 반대로 뒤집는다.

8 표면을 행주 등으로 꾹꾹 눌러 가며 굽는다. 누른 부분이 부풀고, 뒷면이 거뭇거뭇하게 눌어붙는다.

난
NAAN

차파티보다 조금 리치한 빵이다. 원래는 유제품이나 유지를 첨가해 반죽을 발효시키지만, 오늘날에는 주로 베이킹파우더를 사용한다. 인도 북부를 중심으로 다양한 스타일의 난이 존재하는데, 일본에서 주로 먹는 난은 인도에서는 흔하지 않은 달콤하고 폭신폭신한 스타일이 많다. 이번에 소개할 난은 인도 스타일과 일본 스타일의 중간쯤에 해당하는데, 일본에서도 고급 인도 요리 전문점에서는 이런 난을 파는 경우가 많다. 원래 난은 탄두르라고 하는 고온의 화덕에 굽는다. 하지만 일반 오븐으로 이를 재현하는 것은 불가능하기에 이 책에서는 프라이팬에 반죽을 붙여 익힌 다음, 이를 직화로 다시 구워 최대한 비슷하게 만들어보았다. 걸쭉하고 진한 카레와 잘 어울리지만, 아무것도 곁들이지 않고 그대로 먹어도 꽤 맛있다.

재료(2인분)

- **A**
  - 요구르트 ·················· 30g
  - 달걀 ······················· 1개
  - 소금 ······················· 2g
  - 설탕 ······················· 10g
  - 샐러드유 ·················· 15g
  - 물 ·························· 60g 이상
- (섞기) **B**
  - 강력분 ····················· 250g
  - 베이킹파우더 ············ 12g

1
볼에 Ⓐ의 재료를 넣고, 거품기로 잘 섞는다.

2
Ⓑ의 분말류를 붓고, 실리콘 주걱으로 이긴다.

3
랩을 씌워 상온에 30분간 휴지시킨다.

4
샐러드유(분량 외)를 바른 손으로 골고루 반죽한다.

5
반죽을 두 덩어리로 나누어 둥글게 빚은 후, 랩을 씌워 30분간 더 휴지시킨다.

6
손으로 반죽을 둥글게 편 다음, 프라이팬에 붙인다.

7
그대로 뚜껑을 덮고 중불에 올린다.

8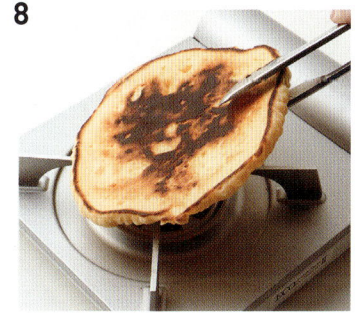
아랫면이 노릇노릇하게 구워지고, 윗면이 몽글몽글 부풀어 오르면 집게 등으로 꺼내서 윗면을 불에 굽는다. 다 구워지면 윗면에 버터(분량 외)를 바른다.

인도 사람처럼 가장 맛있게 카레를 먹는 법

밥 편

기본적인 방법

밥이 수북하게 담겨 있다면 먼저 밥을 평평하게 편다.

그런 다음, 평평한 밥 위에 카레를 얹어 떠먹는다.

그대로 먹어도 되지만, 인도에서는 보통 카레를 밥에 골고루 섞는다.

섞고,

섞고,

또 섞는다.

그렇게 잘 섞인 카레와 밥을 떠먹는다. 골고루 섞어서 비리야니에 가까운 상태를 만드는 것이다.
특히 바스마티 쌀은 골고루 섞어야 더 맛있다.

물기가 많은 카레의 경우

가벼운 수프 같은 상태의 카레를 먹을 때는 평평하게 편 밥 위에 카레를 과감하게 확 붓는다.

그런 다음, 기본적인 방법처럼 잘 섞어 가며 먹는다.

이것은 NG

숟가락으로 밥을 떠서 카레에 직접 적셔 먹는 방법은 **하지 말아야 한다**.
인도에서는 절대로 이렇게 먹지 않는다.

왜냐하면……사진만 보아도 지저분해 보이지 않는가! 일본 쌀로 지은 밥은 이렇게까지 퍼지지 않지만, 바스마티 쌀은 사방으로 퍼져 전혀 먹음직스럽지 않은 모양새가 된다.

카레는 어떻게 먹든 자유다. 하지만 기왕 먹는 거, 선입견을 버리고 인도 현지의 일반적인 식사법을 따라 해보자.
어쩌면 새로운 세계가 열릴지도?!

차파티 편

기본적인 방법

찢는 법부터

인도 사람들은 식사할 때 왼손을 쓰지 않는다. 한 손으로 차파티를 찢으므로 중지·약지·소지 세 손가락으로 차파티를 누르면서 엄지와 검지로 차파티를 찢는다. 이것이 정석이다.

하지만 이곳은 인도가 아니니 편하게 양손으로 찢으면 된다.

이제 차파티로 카레를 먹어보자. 카레는 흔히 카토리(katori)라고 하는 작은 그릇에 담겨 나온다. 이렇게 묽은 카레는 손으로 찢은 차파티를 푹 찍어 먹으면 된다.

하지만 이렇게 물기가 적은 되직한 카레가 나온다면 어떨까. 아무래도 차파티를 찍어 먹기 힘들 것이다.
이럴 때는 어떻게 해야 할까? 그럴 때는 카레를 접시에 덜면 된다.

접시에 덜어 놓은 카레를 손으로 찢은 차파티로 감싸 먹는다.

또 하나

앞에서는 되직한 카레를 접시에 덜었지만, 찍어 먹기 편한 묽은 카레도 접시에 덜어 먹는 편이 나을 때가 있다.

특히 고기가 듬뿍 들어간 카레는 접시에 덜어 먹는 편이 좋다. 앞에서 소개한 것처럼 차파티로 고기를 감싸 먹는 것이다.

접시에 남은 그레이비(국물)도 차파티로 접시를 닦아내듯이 묻혀 먹는다.
프랑스 요리에서 접시에 남은 소스를 빵으로 닦아내는 것과 비슷하다.

새끼양고기 케밥
LAMB KEBAB

고기에 향신료를 뿌려 구운 요리를 모두 '케밥'이라고 부르는데, 이슬람계 인도 요리에서는 이러한 케밥이 비리아니와 어깨를 나란히 하는 '인기 메뉴'다. 인도 요리 전문점에서는 케밥을 보통 탄두르 화덕에 굽는데, 그 대표적인 요리가 바로 탄두리 치킨이다. 원래 탄두르 화덕은 빵을 굽는 전용 화덕으로, 탄두르 화덕에 고기를 굽는 방법은 20세기 이후 서양요리에서 힌트를 얻은 어느 레스토랑에서 시작한 비교적 새로운 기법이다. 그전까지는 직화로 굽거나 철판에 구웠다.

양고기는 케밥에 사용하는 대표적인 고기다. 특히 새끼양고기는 연한데다 요구르트를 베이스로 한 마살라에 푹 재우면 촉촉하게 구워진다. 소고기나 닭고기로도 비슷하게 만들 수 있다.

재료(2인분)

【 민트 처트니 】(만들기 쉬운 분량)

- Ⓐ ┌ 민트 …………………… 10g
  │ 고수(다지기) …………… 10g
  │ GG 페이스트(➡p.13) … 12g
  │ 꽈리고추 ……………… 1개
  │ 소금 …………………… 2g
  │ 설탕 …………………… 2g
  └ 요구르트 ……………… 30g
- 요구르트 ………………… 100g
- 커민 가루 ………………… 1g

【 새끼양고기 케밥 】

- 뼈가 있는 새끼양고기 …… 2개(200g)
- 레몬즙 …………………… 8g
- GG 페이스트(➡p.13) …… 8g
- 소금 ……………………… 2g
- 코리앤더 가루 …………… 0.5g
- 커민 가루 ………………… 0.5g
- 카옌 페퍼 ………………… 0.5g
- 강황 가루 ………………… 0.5g
- 가람 마살라 ……………… 1g
- 민트 처트니(➡위에) …… 50g

적양파(얇게 썰기)·레몬(반달 모양으로 썰기)
·민트 각각 ……………… 적당량

1

【 민트 처트니 】
Ⓐ를 믹서에 간 다음, 요구르트와 커민 가루와 함께 볼에 넣는다.

2

골고루 섞는다.

3

【 새끼양고기 케밥 】
모든 재료를 섞는다.

4

오븐팬에 오븐 페이퍼를 깔고 ❸을 올린 다음, 200℃로 예열한 오븐에 10~15분간 굽는다(프라이팬으로 구워도 된다). 접시에 적양파·레몬·민트·민트 처트니(분량 외)와 함께 담는다.

민트 처트니에 대해

인도에는 다양한 처트니가 있다. 처트니는 케밥이나 스낵류를 찍어 먹는 딥소스인 동시에, 조미료로 쓰이는 양념, 밥과 빵에 곁들이는 반찬 역할도 한다. 처트니는 토마토, 코코넛, 타마린드 등 다양한 재료로 만들 수 있다. 그중에서도 이 민트 처트니는 '만능 소스'라고 해도 좋을 만큼 온갖 요리에 쓰이는데, 그중에서도 특히 고기 요리에 잘 어울린다.

재료(2인분)

닭다리살	240g
⎡ 양파	30g
⎢ 요구르트	30g
⎢ 레몬(껍질째)	15g
⎢ GG 페이스트(➡ p.13)	12g
A 소금	3g
⎢ 코리앤더 가루	0.5g
⎢ 커민 가루	0.5g
⎢ 카옌 페퍼	0.5g
⎢ 강황 가루	0.5g
⎣ 가람 마살라	0.5g

만드는 법

1

닭다리살을 큼직하게 썬다.

2 Ⓐ의 재료를 믹서에 넣고 갈고, 여기에 닭고기를 재운다.

3

오븐팬에 오븐 페이퍼를 깔고, ❷를 가지런히 놓은 다음, 200℃로 예열한 오븐에 10~15분간 굽는다(프라이팬에 구워도 된다). 접시에 옮겨 담고, 토핑(각 분량 외)을 곁들인다.

레몬 치킨 티카
LEMON CHICKEN TIKKA

치킨 티카는 뼈 없는 닭고기로 만드는 케밥의 일종으로, 탄두리 치킨의 순살 버전이라 말할 수 있다. 이 레시피는 향신료 외에도 레몬의 과즙과 껍질의 풍미를 살려 산뜻한 느낌의 조금 모던한 스타일로 완성했다. 식어도 맛있어서 샐러드나 샌드위치에 넣어도 잘 어울린다.

비프 코프타

BEEF KOFTA

코프타는 다진 고기로 만든 케밥이다. 이것을 시크(seek)라고 하는 꼬챙이에 꿰어 구우면 '시크 케밥'이라는 요리가 된다. 소고기, 향신채, 향신료가 혼연일체가 된 복합적인 맛으로, 누구나 좋아할 만한 고기 요리라 생각한다. 쉽게 말하자면 인도식 매콤한 햄버그 스테이크다.

재료(6개 분량)

다진 소고기	200g
양파(다지기)	40g
마늘(다지기)	4g
꽈리고추(비스듬하게 작게 썰기)	1개
고수(다지기)	3g
빵가루	20g
소금	2g
코리앤더 가루	0.5g
커민 가루	0.5g
강황 가루	0.5g
카옌 페퍼	0.5g
가람 마살라	1g

만드는 법

1
볼에 재료를 전부 넣고, 골고루 섞어 반죽한다.

2
반죽을 6등분해서 둥글게 빚은 다음, 가운데 부분이 옴폭 들어가도록 살짝 누른다. 오븐팬에 오븐 페이퍼를 깔고, 그 위에 반죽을 가지런히 올린다.

3 200℃로 예열한 오븐에 10~15분간 굽는다(프라이팬으로 구워도 된다). 접시에 옮겨 담고, 토핑(각 분량 외)을 곁들인다.

토마토 라이타

라이타에 대해

라이타는 각종 채소를 요구르트에 버무린 요리다. 요구르트라고 하면 달콤한 디저트를 떠올리는 경우가 많지만, 다른 나라에서는 오히려 짭짤한 요리에 사용하는 경우가 많다. 인도에서는 특히 더 그렇다. 라이타는 샐러드로 먹기도 하지만, 밥에 얹어 먹어도 정말 맛있다. 특히 비리아니에는 라이타가 빠질 수 없다.

시금치 라이타

믹스 라이타

믹스 라이타
MIX RAITA

인도 요리 전문점에서 가장 흔히 볼 수 있는 라이타다. 타르타르 소스와 비슷해 보이기도 하는 믹스 라이타는 의외로 친숙한 맛이지 않을까. 비리아니에 꼭 곁들여 먹어보자.

재료(2인분)

오이·적양파·토마토(각각 작게 깍둑썰기)	총 100g
요구르트	100g
소금	1g
커민 가루	한 자밤
흑후추 가루	한 자밤

만드는 법

요구르트, 소금, 커민 가루, 흑후추 가루를 볼에 넣고 섞은 다음, 여기에 채소(사진)를 버무린다. 그릇에 옮겨 담고 흑후추 가루를 약간(분량 외) 뿌린다.

시금치 라이타
SPINACH RAITA

시금치와 잘 어울리는 마늘을 넣어 맛을 낸 든든한 라이타다. 튀르키예 같은 중동 지역에도 비슷한 요리가 있는데, 거기에는 올리브유가 듬뿍 들어간다.

재료(2인분)

시금치(데쳐서 큼직하게 썰기)	100g
요구르트	100g
마늘(갈기)	2g
소금	1g

만드는 법

요구르트, 간 마늘, 소금을 섞은 다음, 여기에 시금치(사진)를 버무린다.

토마토 라이타
TOMATO RAITA

간단한 라이타지만, 토마토의 시원하고 상큼한 맛이 들어가 매우 맛있다. 무언가 요리를 한 가지 더 추가하고 싶을 때, 간편하게 만들 수 있어 편리하다.

재료(2인분)

토마토(큼직하게 썰기)	80g
요구르트	120g
소금	1g
흑후추 가루	1g

【 템퍼링 】

샐러드유	10g
겨자 씨	1g
다카노쓰메 고추(세로로 반을 갈라 씨를 제거)	1개
카레 잎(생략 가능)	한 자밤

만드는 법

요구르트, 소금, 흑후추 가루를 내열 볼에 담아 섞고, 여기에 토마토(사진)를 버무린다. 프라이팬에 샐러드유, 겨자 씨, 다카노쓰메 고추를 넣고 중불에 올린 다음, 겨자 씨가 터지기 시작하면 카레 잎을 추가하고, 토마토가 담긴 볼에 부어 섞는다.

순달
SUNDAL

카춤버
KACHUMBER

남인도 지역의 간단한 콩 요리다. 노점에서 파는 요리로, 과자처럼 즐겨 먹는다. 병아리콩은 진공 포장된 제품보다 통조림 제품을 이용하는 것이 좋다. 건조된 병아리콩을 물에 불려 삶으면 당연히 더 맛있을 것이다.

기름을 잘 사용한다는 점이 인도 요리의 특징 중 하나지만, 샐러드류에는 대부분 기름이 들어가지 않는다. 아마도 샐러드류는 식사 중에 입가심이나 고명 같은 조연 역할을 하는 것으로 보인다.

재료(2인분)

삶은 병아리콩 ········· 200g
레몬즙 ···················· 10g
코코넛 분말 ············· 10g

【템퍼링】
샐러드유 ················· 10g
겨자 씨 ······················ 1g
다카노쓰메 고추(세로로 반을 갈라 씨를 제거) ········· 1개
카레 잎(생략 가능) ···· 한 자밤

만드는 법

병아리콩, 레몬즙, 코코넛 분말을 내열 볼에 넣고 섞는다. 프라이팬에 샐러드유와 겨자 씨, 다카노쓰메 고추를 넣고 중불로 가열하다 겨자 씨가 터지기 시작하면 카레 잎을 추가하고, 병아리콩이 담긴 볼에 부어 골고루 섞는다.

재료(2인분)

오이·적양파·토마토(깍둑썰기)
···················· 총 200g
소금 ·························· 2g
레몬즙 ···················· 10g

만드는 법

모든 재료를 잘 섞어 잠시 재워 둔다.

순달과 카춤버를 섞으면 순달 샐러드가 된다

레몬 우루가이
LEMON URUGAI

인도에서 아차르라 불리는 절임류는 인도의 식문화에서 중요한 위치를 차지한다. 우루가이는 남인도 타밀 지방에서 아차르를 이르는 말이다. 레몬 외에도 덜 익은 망고 등 산미가 강한 재료로 만드는 경우가 많다. 과일로 반찬을 만든다고 하니 어색하게 들리겠지만, 사실 매실장아찌도 이와 크게 다르지 않다.

재료(만들기 쉬운 분량)

- A
  - 레몬(껍질을 벗기지 않고 1cm 크기로 깍둑썰기) ····· 1개 분량(120g)
  - 카옌 페퍼 ····· 6g
  - 호로파 가루 ····· 3g
  - 강황 가루 ····· 1g
  - 소금 ····· 8g
  - 물 ····· 30g
- 샐러드유 ····· 40g
- 겨자 씨 ····· 2g

1 A의 재료를 볼에 넣고 잘 섞어 둔다.

2 프라이팬에 샐러드유와 겨자 씨를 넣고, 중불에 올린다.

3 겨자 씨가 터지기 시작하면 ❶를 첨가한다.

4 중불~약불로 3분간 끓인다. 냉장실에 하룻밤 넣어 둔다.

캐비지 토란
CABBAGE THORAN

인도에서는 이런 요리도 카레의 일종으로 취급한다. 카레란 대체 무엇일까? 채소를 넣어 만든 국물 없는 카레를 모두 사브지(Sabji)라고 하는데, 토란은 남인도 케랄라 지방에서 먹는 사브지의 일종으로, 맛과 향을 더하기 위해 코코넛을 쓰는 경우가 많다. 일반적인 사브지보다 들어가는 향신료의 가짓수가 적은 것이 특징이다.

재료(2인분)

- 샐러드유 ········· 10g
- 겨자 씨 ········· 2g
- 다카노쓰메 고추(세로로 반을 갈라 씨를 제거) ········· 1개
- 카레 잎(생략 가능) ········· 한 자밤
- 양배추(두껍게 채썰기) ········· 200g
- (섞기) A
  - 소금 ········· 2g
  - 강황 가루 ········· 0.5g
- 코코넛 분말(없을 때는 코코넛 롱을 잘게 다져 사용) ········· 10g

1 냄비에 샐러드유, 겨자 씨, 다카노쓰메 고추를 넣고, 중불에 올려 가열한다. 겨자 씨가 터지기 시작하면 카레 잎(생략 가능)을 첨가한다.

2 여기에 양배추와 A를 넣고 잘 섞는다.

3 수분이 부족하면 물을 조금 더 넣은 다음, 뚜껑을 덮어 양배추가 흐물흐물해질 때까지 푹 삶는다.

4 양배추의 수분을 빨아들이도록 코코넛 분말을 넣고 골고루 섞으면서 볶는다.

템퍼드 포테이토
TEMPERED POTATOES

감자의 맛을 그대로 살린 요리로, 어떤 의미에서 매우 세련된 요리다. 이름처럼 템퍼링 기법의 우수함을 깨닫게 해주는 요리인 동시에, 감자와 향신료를 너무나도 사랑하는 인도 요리의 특징이 드러나는 요리이기도 하다. 맥주 안주로도 제격이라 더 마음에 드는 요리다.

재료(만들기 쉬운 분량)

A
- 감자(껍질을 벗겨 1.5cm로 깍뚝썰기) ········· 200g
- 물 ········· 50g
- 소금 ········· 2g
- 강황 가루 ········· 0.5g

B
- 샐러드유 ········· 20g
- 다카노쓰메 고추(세로로 반을 갈라 씨를 제거) ········· 2개
- 커민 씨 ········· 1g

- 고수(잘게 다지기) ········· 2g

1

Ⓐ를 냄비에 넣고 뚜껑을 닫은 후, 불에 올려 푹 삶는다.

2

Ⓑ를 프라이팬에 넣고, 중불에 올려 템퍼링을 한다.

3

❷에 ❶을 넣고 볶는다.

4

마지막에 다진 고수를 넣고 잘 섞는다.

브로콜리 마시얄
BROCCOLI MASIYAL

마시얄은 푸른 채소를 푹 끓여 페이스트 상태로 만드는 남인도 타밀 지방의 채식 요리다. 이와 비슷한 북인도 지방의 팔락(Palak)이나 사그(Saag)보다 들어가는 향신료의 가짓수가 훨씬 적다. 현지에서는 주로 시금치를 사용하지만, 개인적으로는 브로콜리로 만든 마시얄이 더 풍미가 좋게 느껴진다.

재료(만들기 쉬운 분량)

- A
  - 샐러드유 ······ 20g
  - 다카노쓰메 고추(세로로 반을 갈라 씨를 제거) ······ 1개
  - 마늘(다지기) ······ 5g
  - 양파(다지기) ······ 60g
- B (섞기)
  - 코리앤더 가루 ······ 0.5g
  - 커민 가루 ······ 0.5g
  - 카옌 페퍼 ······ 0.5g
  - 강황 가루 ······ 0.5g
  - 흑후추 가루 ······ 1g
  - 소금 ······ 2g
- 브로콜리(한입 크기로 썰기, 줄기도 껍질을 두껍게 벗겨 사용) ······ 150g
- 물 ······ 50g

1

Ⓐ를 프라이팬에 넣고 중불에 올린다.

2

양파의 숨이 죽고, 마늘의 향이 올라오기 시작하면 브로콜리와 Ⓑ를 넣고 살짝 볶아 섞는다.

3

물에 붓고 뚜껑을 덮은 채로 약불에서 10분간 푹 삶는다.

4

브로콜리가 푹 익으면 큼직하게 으깨어 완성한다.

뱅건 바지
BAINGAN BHAJI

'바지'는 튀김, 구이, 카레 등을 아우르는 폭넓은 개념이지만, 기름을 듬뿍 사용해 조리한다는 공통점이 있다. 이 동인도 벵골 지방의 요리도 가지를 튀기듯이 구워 만든다. 원래는 겨자유를 주로 사용하지만, 구하기가 쉽지 않아서 연겨자를 발라 그 풍미를 재현해보았다.

재료(만들기 쉬운 분량)

- A
  - 카옌 페퍼 ······························ 0.5g
  - 파프리카 가루 ························ 1.5g
  - 강황 가루 ······························ 0.5g
  - 소금 ···································· 2g
  - 연겨자 ·································· 5g
  - 물 ······································ 5g
- 베이나스 가지* (1.5cm 두께로 둥글게 썰기)
  ·· 200g
- 샐러드유 ································ 적당량
  (프라이팬을 5mm 정도 채울 양)

1. Ⓐ를 섞어서 페이스트 상태로 만들어 둔다. 필요하면 물을 소량(분량 외) 추가한다.

2. 베이나스 가지의 양면에 ❶을 바른다.

3. 프라이팬에 샐러드유를 둘러 달군 후, 중불에서 ❷를 튀기듯이 굽는다.

4. 반대로 뒤집어 양면을 골고루 굽는다.

---

* 米ナス: 미국의 블랙뷰티를 개량한 일본의 가지 품종으로, 껍질이 두껍고 속이 단단해 그라탱이나 오븐 구이에 어울린다. 한국에서는 판매하지 않고 있다. - 옮긴이

디저트에 대해

인도의 달콤한 간식은 곡류나 유제품의 맛을 그대로 살린 단순한 스타일이 많다. 우리 입맛에는 너무 달게 느껴질 수도 있지만, 이는 달콤한 간식을 식사의 마무리 단계나 입가심 용도가 아닌, 하나의 '기호품'으로 보기 때문일 것이다. 하지만 여기서 소개하는 레시피는 디저트로도 충분히 즐길 수 있도록 인도 현지에서 먹는 것보다 단맛을 좀 줄였다.

망고 슈리칸드
MANGO SHRIKHAND

슈리칸드는 진한 요구르트에 설탕이나 건포도, 견과류 등을 첨가한 요리로, 유제품 대국인 인도에 걸맞은 디저트다. 원래는 유청을 제거한 요구르트를 사용하지만, 여기서는 유청을 말린 망고가 흡수하면서 요구르트가 응축된다. 유청을 흡수한 망고는 맛도 더욱 좋아지므로 그야말로 일거양득이라 할 수 있다. 설탕은 인도의 비정제 설탕인 재거리(Jaggery)와 비슷한 느낌이 나도록 사탕수수 원당을 사용했다.

재료(만들기 쉬운 분량)

A
- 요구르트 ········· 200g
- 말린 망고(적당한 크기로 자르기) ········· 40g
- 건포도 ········· 10g
- 사탕수수 원당 ········· 12g
- 카다몬 가루 ········· 약간

피스타치오(다지기)·민트 ······ 각각 약간

만드는 법

1
Ⓐ를 볼에 담는다.

2
재료를 골고루 섞은 다음, 냉장실에 하룻밤 동안 둔다.

3 ❷를 잘 섞어 그릇에 담은 후, 그 위에 피스타치오와 민트를 뿌린다.

딸기 쿨피
STRAWBERRY KULFI

쿨피는 우유를 주재료로, 달걀노른자를 넣지 않은 오버런(공기 함유율) 0%의 진한 아이스크림이다. 원래는 우유를 오래 끓여 바싹 졸여야 하지만, 이를 간편하게 연유로 대체해보았다.

재료(2인분)

딸기(꼭지를 따서 4등분)	160g
연유	80g
생크림	80g
피스타치오(다지기)	약간

만드는 법

1
딸기, 연유, 생크림을 믹서에 넣고 간 다음, 푸딩 용기 등에 담아 얼린다.

2 용기에서 꺼내 그릇에 옮겨 담은 후, 그 위에 피스타치오를 뿌린다.

라이스 파야삼
RICE PAYASAM

파야삼은 코코넛과 굵은 설탕을 넣어 만든 남인도의 디저트 수프다. 쌀 외에도 콩이나 타피오카, 면 등으로 만들 수 있다. 따뜻하게도, 차게도 먹을 수 있는 편안한 맛이다.

재료(2인분)

무세미(씻어 나온 쌀)	50g
물	400g
코코넛밀크	100g
사탕수수 원당	100g
카다몬 가루	2g

【 토핑 】

캐슈너트	10g
건포도	5g
버터	약간

만드는 법

1
먼저 빈 냄비의 무게를 잰 다음, 쌀과 물을 넣고 불에 올려 죽 상태가 될 때까지 끓인다(다 끓은 죽의 적정 무게는 300g).

2
다른 재료를 마저 넣고 섞은 다음, 한 김 식으면 냉장실에 넣어 차갑게 식힌다.

3
프라이팬에 버터를 녹이고, 캐슈너트와 건포도를 살짝 볶는다. ❷를 그릇에 옮겨 담고, 그 위에 볶은 캐슈너트와 건포도를 뿌린다.

마지막으로

인도 카레는 일본인이 가장 좋아하는 카레의 일종일 뿐만 아니라,
인도에서 오랜 세월에 걸쳐 발전해 온 소중한 문화이기도 합니다.
인도 카레를 만들 때나 먹을 때나,
항상 그런 인도의 식문화를 존중하는 마음을 갖는 것이
인도 카레를 가장 맛있게 즐길 수 있는 방법이 아닐까요.

FINALLY.